VERDUN

NOTICE HISTORIQUE

PAR

M. L'ABBÉ GABRIEL

AUMONIER DU COLLÈGE DE VERDUN

MEMBRE
de la Société des Arts, Sciences et Lettres
de Bar-le-Duc
et de celle des Études Historiques
de Paris.

Non nova sed nove

VERDUN

V. FRESCHARD Libraire Éditeur

1888

VERDUN
NOTICE HISTORIQUE

—◆▶▶◆◀◀◆—

I

ORIGINE DE VERDUN

L'origine de VERDUN se perd dans la nuit des temps.

Son nom est celtique : *Vero* ou *Viro* et *Dunum*. En langue celtique, *Vero* signifie haut, élevé : *Viro* signifie frais, verdoyant : et *Dunum* veut dire colline, montagne. Le mot *Verodunum* ou *Virodunum*, *Verdun*, a donc la double signification de *Montagne élevée* ou de *Colline verdoyante*.

Du reste, sa position primitive explique ce nom. En effet, l'ancien Verdun occupait uniquement l'extrémité, la pointe d'une espèce de promontoire escarpé se détachant, de l'Ouest à l'Est, de la chaîne de montagnes qui ferme la gauche de la belle vallée de la Meuse, et venant aboutir sur les bords du fleuve.

Le demi-cercle de rochers qui entoure la pointe de ce promontoire, et quelques défenses faites par la main des hommes, formaient l'étroite enceinte d'une forteresse. C'était le vieux *Mag* gaulois : ce fut le *Castrum* des Romains ; puis la *Fermeté* de nos pères au moyen-âge : c'est aujourd'hui la Ville-Haute.

Verdun était, à l'époque de la conquête romaine, chef-lieu d'une peuplade, cliente des Médiomatriciens, (Metz), appelée les Claves, *Clavi*. Au XIe siècle, on disait encore : « *Virdunum urbs Clavorum* — Verdun, ville des Claves. »

Vers l'an 140, le nom de *Verodunum* est mentionné dans l'Itinéraire d'Antonin, comme l'une des principales stations de la grande voie romaine allant de Reims à Metz. C'est la première fois que Verdun est cité dans l'histoire.

Cette voie fut, aux temps anciens, la seule de nos grandes routes ; et l'ancienne route de Paris en a presque constamment suivi le tracé aux abords de Verdun. Venant du côté de Sivry-la-Perche, elle passait par Glorieux, — je me sers des dénominations actuelles ; — montait à la citadelle qu'elle traversait ; pénétrait vers la porte Châtel, dans le *Castrum* qu'elle traversait également ; en descendait et atteignait la Meuse. Mais elle l'atteignait : soit directement, par la rue Châtel : soit indirectement, par les rues de la Belle-Vierge, St-Pierre et Mazel ; soit peut-être des deux façons à la fois ; franchissait le fleuve, très large et très profond, sur un pont qu'a remplacé le pont Sainte-Croix ; allait en ligne droite par les rues de l'Hôtel-de-Ville et de Saint-Sauveur, après avoir traversé sur un pont, le *Bracceolum*, Brachieul, petit bras de la Meuse; franchissait, sur un autre pont qui fut depuis le pont Saint-Airy, un dernier bras du fleuve, le Moson; gagnait la montée de Saint-Victor qu'elle suivait toujours en ligne droite, jusque vers la porte de ce nom. De là, obliquant un peu à l'Est, elle allait directement au fond de Belrupt, et se dirigeait sur Metz.

Le tracé de la voie Romaine, dans l'intérieur de la Ville, indique dès cette époque, la présence d'habitations sur les trois bras de la Meuse: ou ces habitations étaient venues s'établir le long de cette voie; ou bien la voie elle-même avait suivi cette direction à cause des habitations qui s'y trouvaient.

Toujours est-il que Verdun, prospérant sous la forte administration romaine, était bientôt descendu de sa colline, et s'étendait vers le Sud-Est, dans la largeur de la vallée, longtemps avant que St Airy n'eut sa maison paternelle au bas de ce qui fut appelé plus tard Saint-Victor.

La Ville commença, sans nul doute, de ce côté par le *Macellum*, marché aux vivres qui était à la descente du *Castrum*, aujourd'hui place Mazel. Le *Dun*, la colline restait toujours la forteresse, la ville de guerre et des fonctionnaires. Dans la vallée, était la ville des marchands, c'est-à-dire l'industrie, le commerce, l'activité et la vie.

Nous verrons ce qu'étaient ces *Marchands* de Verdun dès l'an 531, et ce qu'ils avaient fait de *leur ville*, au VIIIe siècle.

Les oratoires chrétiens fondés, aussitôt après la prédication de l'Évangile, vers 350, soit par St Saintin, à l'Ouest du *Castrum*; soit au Nord, par St Maur ; soit au Nord-Est par St Paul ; ces oratoires, autour desquels vinrent bientôt se grouper un certain nombre de maisons, devinrent également l'origine d'autres quartiers de la ville, surtout quand ils furent transformés en abbayes.

Celui de Saint Saintin, qui fut dès les commencements du Xe siècle l'abbaye de Saint-Vannes, donna naissance au *ban* Saint-Vannes, aux faubourgs du Mesnil, de Haut et Bas-Escance, détruits, il y a 200 ans pour construire la citadelle.

Les quartiers avoisinant ce qui fut les abbayes de Saint-Maur et de Saint-Paul, existent encore.

II

QUELS FURENT LES MAITRES DE VERDUN DEPUIS SON ORIGINE JUSQU'A NOS JOURS

Probablement que Verdun faisait partie primitivement d'une fédération gauloise. Avec les Gaules, il tomba sous la domination romaine : mais c'est la légende qui fait venir César à Verdun.

Vers la fin du IVe siècle, la Notice des Provinces, dressée par ordre des Empereurs romains, porte la « Cité de Verdun, — *Civitas Virdunensium*, » comme chef-lieu de l'une des quatre circonscriptions territoriales qui formaient la Première Belgique. Metz et Toul étaient les chefs-lieux des deux autres : et Trêves l'était de la quatrième, avec le titre de Métropole.

Cette division territoriale romaine fut conservée plus tard, dans l'organisation religieuse. Les évêchés de Metz, Toul et Verdun firent partie de la province ecclésiastique de Trêves jusqu'en 1790. C'est là l'origine des *Trois Evêchés* qui eurent leur célébrité dans l'histoire.

Le titre de Cité, que seuls Metz, Toul et Verdun possédaient dans nos contrées, faisait, de leurs habitants, des Citoyens, c'est-à-dire des hommes libres. Grégoire de Tours, au commencement du VIᵉ siècle, parlant des Verdunois, dit : « *Cives Verodunenses*, — les Citoyens de Verdun. »

Verdun fut l'une des dernières villes des Gaules fidèles à Rome. En 485 ou 496, elle passa sous la domination des Franks, à la suite d'un siège que nous raconterons.

En 511, à la mort de Clovis, l'Empire Frank fut démembré, et Verdun fit partie du royaume d'Austrasie, (France de l'Est). Cinq fois rétablie, l'unité Franke fut cinq fois brisée, et chaque fois Verdun se retrouvait d'Austrasie. Les derniers rois Mérovingiens furent des fantômes qui vivaient à l'ombre d'une autre dynastie naissante, la dynastie nationale Austrasienne, qui nous donna les Pépin, Charles-Martel et Charlemagne !

Mais, vers 714, Pépin d'Héristall pensa perdre le fruit de 30 ans de sagesse et de gloire. Vers la fin de sa vie, des intrigues de femmes lui firent prendre en haine et jeter en prison son fils Charles-Martel. Les Neustriens profitèrent de ce moment de faiblesse pour secouer la prédominance de l'Austrasie, et poussèrent leurs conquêtes jusqu'à la Meuse.

On tira Charles-Martel de prison, et il se mit à la tête des Austrasiens. Verdun lui ouvrit ses portes en 716. De là, il marcha sur Reims dont il s'empara ; battit les Neustriens en deux rencontres et soumit à son autorité tout le reste des Gaules.

De 716 jusqu'à 840, Verdun fut pour ainsi dire perdu dans l'immensité de l'empire Frank qui vit se succéder à sa tête trois générations de héros : Charles-Martel, Pépin-le-Bref et Charlemagne. Louis le Débonnaire vécut encore de la gloire de son père.

Mais après sa mort en 840, ses trois fils se firent la guerre, puis s'accommodèrent par le fameux traité de Verdun, en août 843.

Par ce traité, signé dans nos murs, Charles-le-Chauve eut la France proprement dite; Louis eut la Germanie; et Lothaire prit, avec le titre d'Empereur, tout le pays compris entre la France et la Germanie. Pays qui, n'ayant pas de nom géographique, s'appela Lothaire-règne, Lotharingie, Lohereine, enfin Lorraine, du nom de son premier roi.

Verdun fit partie de Lothaire-règne, comme Metz et Toul.

Les sympathies de ces trois villes étaient pour la France; mais elles suivaient les destinées du pays auquel elles étaient attachées.

En 923, la Lorraine se donna à l'Allemagne; et par conséquent Verdun fut Allemand, quoique déjà on y parlât, comme à Metz et à Toul, le Roman ou Français primitif.

En 955, la Lorraine fut démembrée et partagée en deux duchés par l'empereur Othon 1er : la Basse et la Haute-Lorraine.

Ces deux duchés furent gouvernés chacun par un duc *bénéficiaire*, ou amovible, sous la dépendance, ou suzeraineté de l'Empire. Chaque duché conservait ses anciennes subdivisions, les Comtés.

Verdun fut du duché de Basse-Lorraine et forma, avec l'ancien *pagus Virdunensis*, ou pays *Verdunois*, le Comté de Verdun gouverné, de même que les Duchés, par des Comtes *bénéficiaires* en principe.

Il y avait bien eu des Comtes de Verdun, depuis les temps Mérovingiens. Mais le territoire du pays Verdunois semble ne pas avoir été alors aussi nettement délimité.

A cette époque, paraît dans l'histoire la célèbre famille de nos Comtes, appelée d'*Ardennes*, à cause de ses vastes possessions dans le pays d'*Ardennes*. On l'appela aussi la famille des *Godefroid*, parce qu'ils portèrent presque tous le nom de Godefroid que le dernier d'entre eux, Godefroid de Bouillon, rendit à jamais illustre.

De 978 à 986, Verdun fut pris et repris par Lothaire, roi de France, qui avait du sang de Charlemagne dans les veines : nous raconterons ces deux sièges. A sa mort (986), Verdun fut rendu par Hugues-Capet à l'Empereur.

Mais dans cet intervalle, la puissance de nos Comtes avait grandi par le besoin qu'on avait eu de leur épée.

Godefroid-l'Ancien ou le Captif, qui avait soutenu le dernier siège de Verdun contre Lothaire, avait cinq fils : Godefroid-sans-Lignée qui fut duc de Basse-Lorraine, et eut pour successeur son frère Gothelon ; Adalbéron qui fut évêque de Verdun ; et enfin Frédéric et Hermann qui se succédèrent dans le Comté de Verdun, et finirent leurs jours à Saint-Vannes, sous l'habit religieux.

Par conséquent cette famille semblait vouloir s'inféoder le Comté de Verdun.

L'empereur Othon III y voulut mettre bon ordre.

Profitant de l'esprit pacifique des comtes Frédéric et Hermann, plus occupés à se faire une couronne dans le ciel qu'à sauvegarder celle qu'ils avaient sur la terre, il créa l'Evêque de Verdun, Haymon et tous ses successeurs, PRINCES TEMPORELS, *avec* TOUS *les droits de souverain* ; avec le droit surtout de *nommer un Comte viager, amovible* à la volonté de l'Evêque, et qui pût remplacer au besoin l'Evêque. on appela ces remplaçants *Voués*, ou *Comtes épiscopaux*.

Mais avec nos Comtes ; puis, après nos Comtes, avec leurs propres *Voués* ou Comtes épiscopaux, que pourtant ils choisissaient eux-mêmes, les Evêques de Verdun, *princes séculiers, temporels*, furent presque continuellement en guerre. Pendant deux siècles, l'histoire de Verdun n'est que l'histoire de leurs démêlés sanglants.

Haymon fut heureux. Il laissa règner tranquillement les comtes Frédéric et Hermann ; et il gouverna sagement le Comté.

Raimbert, son successeur, voulut user de son droit, à la mort d'Hermann, et nomma un comte d'une autre maison, Louis de Chiny. Le comte Gothelon d'Ardenne, qui prétendait, comme tous les siens, posséder le Comté de Verdun en *alleu*, c'est-à-dire en propriété, et non en *bénéfice*, accourut du fond de la Basse-Lorraine, dont il était duc *bénéficiaire*, attaqua Louis de Chiny, le tua, remit Verdun sous son autorité, et en apanagea son fils Godefroid-le-Barbu (1028-1030).

Richard se contenta d'être Evêque, et il fit bien (1039-1046).

Mais le premier acte de Thierry-le-Grand, « *qui cognominatur Magnus* » dit une chronique de Trèves, le premier acte de Thierry le-Grand, en prenant possession de son siège épiscopal, fut d'offrir à Godefroid-le-Barbu d'être *son comte*, son *Voué*.

A cette proposition, le Barbu bondit de colère. Il vint mettre le siège devant Verdun, s'empara de la ville, et brûla la Cathédrale. Nous reparlerons de cet évènement à l'histoire des sièges.

L'évêque Thierry, ne pouvant rien contre la force, fit semblant de se soumettre, et vécut depuis lors en paix avec le Barbu.

Du reste, les guerres de Godefroid en Allemagne et surtout en Italie, où la fortune ne lui fut pas constamment favorable ; son mariage avec Béatrix de Toscane, la mère de la *grande marquise* Mathilde qu'elle avait eue de son premier mari Boniface ; et son immense ambition qui lui faisait rêver une bien autre couronne que celle de comte de Verdun ; tout cela n'avait pas tardé à détourner ailleurs, son attention, et à lui faire abandonner la réalité du pouvoir, sur le Verdunois, à Thierry, qui fut un vrai prince et un glorieux évêque. !

Mêlé à toutes les grandes affaires de son temps, il fut le conseiller et l'ami de l'empereur Henry IV ; il négocia l'entrevue de Canova ; il prit part à la lutte de l'Empire contre la Papauté, et se trouva compromis dans la querelle des Investitures où son orthodoxie faillit sombrer. En même temps, il veillait avec un soin jaloux sur son Evêché. Il y fonda la Magdelène, Saint-Airy et Saint-Sauveur ; y fit fleurir les lettres et la piété ; réprima les brigandages des Seigneurs voisins, et s'empara de Clermont, Sainte-Ménehould, Dun et Stenay !

Godefroid-le-Barbu mourut à Verdun le 21 décembre 1070, et fut inhumé dans la Cathédrale.

Son fils, Godefroid-le-Bossu, qui épousa la *Grande Marquise*, fut l'un des meilleurs capitaines de son temps. Il se mit au service de l'Empereur, et, comme son père, il laissa à l'évêque Thierry le gouvernement du Comté de Verdun. Il fut assassiné à Anvers, en 1076, et son corps, ramené à Verdun en grande pompe et grand deuil, fut inhumé à la Cathédrale, près de celui de Godefroid le Barbu.

Godefroid de Bouillon réclama le Comté de Verdun comme neveu et héritier de Godefroid le Bossu ; mais sa veuve, Mathilde de Toscane, le revendiqua aussi. Thierry, qui ne voulait pas d'un tel homme de guerre pour Comte, et préférait une femme, prit fait et cause pour Mathilde.

Une dernière fois, notre vieil et vaillant évêque — il avait 76 ans, — se mit aux champs. On se battit sans résultat près de Stenay. Godefroid et Thierry couchèrent sur leurs positions. Mais le lendemain, grâce à un ami commun, Henry de Verdun, évêque de Liège, la paix fut signée entre ces deux grands hommes (1086). Mathilde fut oubliée dans le traité.

L'évêque Thierry mourut le 28 avril 1089, après quarante trois ans d'un glorieux épiscopat.

Godefroid de Bouillon, moyennant argent, abandonna ses prétentions sur le Comté de Verdun, et partit pour la première croisade où il acquit un renom immortel.

L'évêque Richer, successeur de Thierry, croyant donner désormais des défenseurs à l'Evêché, et non des maîtres aux Evêques, usa immédiatement de son *droit* et choisit, pour *comte épiscopal* ou *Voué*, Thierry, comte de Bar (1100) ; et, après Thierry, son fils, le fameux Renauld-le-Borgne, sans toutefois lui reconnaître de *droit héréditaire*.

Pendant 35 ans, il y eut continuellement querelles, guerres et combats, entre nos évêques et le Borgne, qui fut pour Verdun le pire des tyrans. Cependant, le ciel combattait pour nous, car de cette époque, et en souvenir de sa protection visible, date la fête connue sous le nom de : *Mémoire des Miracles de la B. Vierge Marie*, qu'on célèbre le 20 octobre dans le diocèse de Verdun.

Enfin, l'évêque Albéron de Chiny parvint à s'emparer de la *Courlouve*, espèce de forteresse que Renauld avait fait bâtir près de la porte Châtel, et de laquelle ses soldats rançonnaient la ville et les habitants (1).

Chassé de Verdun, le Borgne n'y put rentrer, et finit par s'accommoder avec Albéron, qui se débarrassa de ce dangereux et coûteux protecteur, en lui cédant le Clermontois et Vienne-le-Château; à charge de foi et hommage de sa part, et de celle des comtes de Bar ses successeurs, aux évêques de Verdun. A ces conditions, l'*Avouerie* et les *Voués* furent supprimés, (1140).

Dans l'été de 1147, le roi de France, Louis VII, dit le Jeune, partant pour la 2ᵉ croisade, vint

---

(1) On vit longtemps, entre la porte Châtel et les jardins de l'évêché, une butte de terre très élevée recouvrant les ruines de la Tour du Voué Renauld, appelée vulgairement *Courlouve*, cour du Voué. Elle fut applanie en 1627 ; elle dominait les remparts de la citadelle.

camper, avec son armée, devant Verdun, où il passa plusieurs jours.

Quelques mois après, une autre visite plus courte encore, mais d'un appareil moins guerrier, honora de nouveau notre ville; ce fut celle du pape Eugène III, qui vint à Verdun pour y faire la consécration de la nouvelle cathédrale qu'Albéron faisait construire.

Albéron de Chiny, qui fut l'un de nos cinq ou six grands évêques, mourut, en 1158, après 27 ans d'un glorieux épiscopat.

La suppression de l'Avouerie ne fit point cesser les hostilités avec Bar. Elles recommencèrent, sous l'évêque Arnoul de Chiny, durèrent plusieurs années et se terminèrent à l'avantage des Verdunois.

L'évêque Arnoul de Chiny fut tué en assiégeant Sainte-Ménehould, le 14 août 1181.

Le XIIIe Siècle approchait. C'est l'époque du mouvement *communal* dans les Flandres, comme dans les villes du Nord et du Nord-Est de la France.

Depuis le Xe Siècle, c'est-à-dire depuis la dislocation de l'empire Carlovingien et l'établissement de la féodalité, toutes ces villes étaient restées largement indépendantes dans leur administration intérieure, *municipale*, où l'on retrouvait encore quelques vestiges de l'organisation romaine. Mais, le hasard le plus souvent les avait soumises à quelque prince séculier ou ecclésiastique. ayant sur elles le *haut domaine*, le pouvoir *régalien*, et dépendant eux-mêmes d'un seigneur suzerain, roi ou empereur, à qui ils rendaient foi et hommage. Elles faisaient donc *partie d'un Etat* grand ou petit; mais elles *ne formaient point un Etat*.

Le mouvement *communal*, à Verdun comme dans toutes les villes d'une certaine importance, consista donc à vouloir *former Etat*, -- Verdun aux Verdunois, -- sous la suzeraineté nominale de l'Empire dont on ne songea jamais à s'affranchir.

Par conséquent, élection, par tous les citoyens, de tous les Magistrats dans l'ordre civil et judiciaire, n'importe à quel degré, liberté de frapper des impôts, de lever des tailles et d'en disposer au meilleur profit de tous; droit de guerre et de paix; enfin, pour ce qui était du temporel, affranchissement total de l'autorité de l'Evêque. Tel était le but de nos communaux. Nous verrons qu'ils y arrivèrent à peu de choses près; mais au prix de deux cents ans de luttes continuelles, et souvent sanglantes, contre les Evêques.

Le premier acte de la ville de Verdun fut de se faire reconnaître, en 1195, par l'empereur Henry VI, comme ne relevant que de l'Empire; et d'obtenir, de son autorité impériale, droit de bourgeoisie pour toutes personnes voulant venir sur son territoire.

C'était chose inouïe qu'un Empereur, passant

par-dessus la tête du prince-évêque, s'adressât à une Ville : « *Fideles nostri cives Virdunenses.* »

Remarquons en passant que les citoyens de Verdun sont aussi appelés dans la même charte, par l'empereur, Bourgeois de Verdun. — *Burgenses Virdunenses* ; et que tout étranger peut devenir Citoyen, Bourgeois après deux ans de séjour, je crois. Ceux qui n'avaient point rempli cette condition, n'étaient qu'*habitants, manants, manentes.*

Cette charte impériale soustrayait les Verdunois à l'autorité immédiate de l'Evêque.

Une petite guerre s'en suivit, entre eux et l'Evêché, dans laquelle fut malheureusement tué l'évêque Albert de Hirgis, en 1208.

A cette époque commence l'usage du grand Sceau, *Civitas Virdunum*, qui est véritablement le sceau de l'Université des Citoyens ou *Citains*, — comme ils ne tarderont pas à s'appeler, — de la *Commune démocratique*.

Il représente une enceinte fortifiée, entourant la vieille cathédrale romane de Garin, avec ses quatre clochers : aux bords du sceau, en cercle autour de l'enceinte, la légende : Civitas Virdunum, (1).

Ce sceau, ces *armes* de l'ancien Verdun scellèrent tous les actes de sa vie communale jusqu'à la fin du XIVe Siècle.

(1) Voir l'empreinte de ce sceau sur la couverture du volume.

Le successeur d'Albert de Hirgis, Robert de Grandpré, fit des concessions à la Commune, ce qui amena une courte période de tranquillité.

Mais ces concessions ne suffisaient point aux Verdunois. En 1227, ils obtinrent du vice-empereur, Louis de Bavière, le *droit d'élire sept Jurés, pour leur gouvernement ; et quatorze Echevins*, dont *sept au Palais*, c'est-à-dire à la justice civile, et *sept à la Vicomté*, c'est-à-dire à la justice criminelle. Lesquels, Jurés et Echevins seront *présentés* à l'Evêque ; et si l'Evêque *les refuse, ils n'en seront pas moins juges*. Droit aussi de lever des *tailles* sur tous les habitants, et d'employer ces tailles surtout aux fortifications.

Raoul de Torote, qui était évêque depuis 1225, s'opposa de toute son énergie à la mise à exécution de ce diplôme impérial que nos Communaux avaient obtenu un peu subrepticement. Aussi, virent-ils dès 1228, ces privilèges révoqués par le même Louis de Bavière.

Mais, jugeant que ce qui était bon à prendre était bon à garder, ils ne tinrent nul compte de cette révocation. De là, une guerre avec l'évêché, qui dura près de deux ans ; 1229 et 1230.

Cependant, les finances de l'évêché étaient lourdement obérées, et Raoul de Torote était à court d'argent. Nos Communaux, se voyant abandonnés de l'Empire, surent profiter de sa détresse financière, et lui achetèrent, contre beaux deniers comptant, pour dix années, la *Vicomté*, c'est-à-dire, on le sait déjà, le droit, pour leurs Echevins, de juger, en *causes criminelles*, droit que leur avait reconnu, en 1227, Louis de Bavière.

De cette époque, 1236, date la création du Maître-Echevin, second dignitaire de la Cité, chargé de présider l'Echevinat, et préposé au jugement des causes en matière criminelle.

La Commune était à peu près constituée. Mais l'engagement de la *Vicomté* finissait en 1246, d'après le traité avec Raoul de Torote. Raoul vint à mourir sur ces entrefaites. Son successeur, Guy de Mello refusa de renouveler le contrat avec la Ville qui était bien décidée du reste à passer outre.

Alors éclata la terrible guerre dont nous raconterons un double épisode ; le siège de Verdun et le combat de Charny.

On fit la paix : « Nous Citains de Verdun, de « la guerre et dou bestens, qui ait esté entre nous « et signor Guion, avons paix faite. » Mais, la *Commune* vaincue fit un pas en arrière. (1)

« Néanmoins, elle regagna bientôt le terrain perdu, et vécut en bon accord avec l'élu Jehan d'Aix (1248) et avec « le signor Jakes » de Troyes qui devint

(1) Guy de Mello fut transféré à Auxerre en 1247. Il était homme d'épée autant que de crosse ; Il fut, en Italie, le héros d'une guerre contre les Sarrazins qu'il battit, et revint mourir à Auxerre en 1270.

pape sous le nom d'Urbain IV, en 1256. Robert de Milan, successeur de Jacques de Troyes, administrateur sage et habile, rédigea, de concert avec les Citains, notre première *Charte de paix*, qui était entre eux une espèce de *modus vivendi*. Il mourut en 1271.

Son troisième successeur, Henry de Granson, crut ne pouvoir faire mieux ; et cédant encore quelque chose pour ne pas tout perdre, il octroya à la Commune une seconde *Charte de paix*, plus favorable encore que la première, (1286).

Cette Charte resta jusqu'au XVIe Siècle, avec quelques modifications apportées par le temps, une espèce de *Code pénal* du Verdunois ; de même que les arrêts rendus au Palais de Sainte-Croix, en formèrent plus tard quelque chose comme le *Code civil*.

La *Commune* était donc à peu près officiellement reconnue par les Evêques auxquels il ne restait plus que quelques droits plus honorifiques que réels. Mais, déjà se manifestaient dans son sein des divisions intestines tendant à changer la forme de son gouvernement *de tous par tous*, à enlever le pouvoir « à l'universitei de Citains de Verdun « - à li communaultei de la Citei. »

Vers 1280 en effet, avaient éclaté des rivalités, souvent sanglantes, entre « le linaige de la Porte « et le linaige d'Aisennes, »

Disons d'abord ce que c'étaient que les *Lignages*.

Il y avait, à Verdun, deux familles puissantes par leur fortune, leur crédit, et dont les membres avaient déjà, à diverses reprises, occupé de hauts emplois dans la Cité : les de la Porte et les d'Azannes.

Pareils aux grands patriciens Romains, qui s'entouraient de clients, les chefs de ces familles avaient su, soit par des alliances, soit par des relations d'amitié, grouper autour de chacune d'elles un certain nombre d'autres familles riches. Et ce groupement forma bientôt, dans la ville, des espèces de clans, de tribus, dont les membres, presque tous parents ou alliés, presque tous de la même lignée, se dirent, les uns du *lignage* de la Porte, les autres du *lignage* d'Azannes.

Une première fois, les querelles des Lignages entre eux furent apaisées, par le comte de Bar, Thibauld II, que « la communaültei de la Citei de Verdun » avait appelé à son secours, en 1282. Des plus turbulents des deux partis, les uns dûrent « alleir oultre la grant mer, en Aicre » c'est-à-dire en Palestine ; les autres « oultre la mer d'Ingleterre », ou bien « à Marsaille » ; et la paix fut momentanément rétablie.

Mais en 1308, la guerre des rues, la guerre « à coups de coultels à pointe » recommença. Cette fois, il fallut que la *Commune* demandât l'intervention du roi de France, Philippe-le-Bel, qui parvint, pour un temps encore, « à faire

« bonne paix et accord sur tout le discord, mellée
« et huttin, navreures et blesseries », dont les
deux Lignages se plaignaient. C'était la première
fois que la France se mêlait de nos affaires.

Vers 1310, parut en scène un troisième Lignage,
celui d'Estouf qui fut toujours allié de la France,
et ne se mêla presque jamais aux querelles des
de la Porte et des d'Azannes, qui se renouvelèrent
encore plusieurs fois, mais moins violentes.

Profitant de ces rivalités, les « gens des mestiers »,
à eux seuls de beaucoup plus nombreux que chacun des trois Lignages, parfaitement organisés
en corporations ou confréries, et jouissant déjà
d'une certaine juridiction sur leurs membres,
acquirent alors une influence prépondérante, surtout sous le long épiscopat de Henry d'Agremont,
(1312 à 1349).

Plusieurs fois, ils renversèrent les Magistrats
de la Cité, et établirent à la place : d'abord le
gouvernement qu'ils appelèrent du *Postal*, de 1330
à 1336 ; puis, en 1340, celui des *Conseillers-Facteurs de la Cité*, « auxquels ils attribuèrent la même
« authorité que les Consuls avaient dans Rome. »
Mais ces deux nouveautés durèrent peu. « Les
« maîtres des Mestiers par lesquels la Ville se
« gouverne » dit un acte de 1332.

Pendant qu'ils étaient au pouvoir, les Verdunois
eurent guerre avec Philippe de Florenge.

« Toutes les bonnes gens de Verdun issirent

« fors, à armes, pour venger la grant honte que
« messire Phelippe de Florchenge nous avoit faite »;
et allèrent bien loin, de l'autre côté d'Etain, piller
et brûler le village de Buzy, qui appartenait à ce
seigneur.

Comme ils revenaient « par devers la Citci, le
« venredi matin, » chargés de butins et enivrés
de leur succès, ils furent assaillis, en franchissant
le pont de Warcq, sur l'Orne, « par bien quatre
« mille hommes du sire de Florchenge et de Mon-
« seigneur de Bar, que à pied que à cheval, qui
« leur coururent sus en huchant et criant : à la
« mort! à la mort! Bair! Bair! (Bar! Bar!) Là
« furent tous desconfis, prins ou tués », et le
reste revint à Verdun « tout nuds et descoupeis. »

Ce désastre, qui arriva le 28 juin 1336, fort peu
considérable en lui-même, l'était beaucoup pour
« les bonnes gens de Verdun. » Cependant ils n'en
furent point abattus.

Ce fut aussi sous le gouvernement des Mestiers
que commença et s'organisa le système des *Gardes*.

Verdun ne dépendait plus, autant dire, de personne. Mais en réalité, sa faiblesse le faisait dé-
pendre de ses voisins les plus forts. A peine eut-il
rompu ses lisières, et échappé à l'autorité de
l'Evêque, qu'il lui fallut acheter, à lourd prix d'argent, la Garde, la *Warde* comme on disait alors,
soit de la France, soit de Bar ou de Luxembourg.

Et ces Gardes, se succédant, se superposant les unes aux autres, existant même parfois simultanément, compliquent singulièrement notre histoire, comme elles durent alors singulièrement aussi compliquer les affaires de la *Commune*.

D'abord, nous avons vu le roi de France, Philippe-le-Bel, se mêler avec empressement de ces affaires, comme arbitre, « sor plusieurs discords », qui existaient entre les Lignages (1305). C'était le premier pas.

Le 13 juillet 1315, fut signé, à Lagny-sur-Marne, un acte par lequel Louis-le-Hutin, à la prière des Verdunois, les prenait, eux, leur ville et leurs biens, sous sa spéciale garde et protection.

Mais, bientôt l'étoile de la France pâlit. Jehan l'Aveugle, roi de Bohême et duc de Luxembourg, quoique l'ami de la France puisqu'il se fit tuer pour elle à Crécy, en 1346, ambitionna ce protectorat. C'était un moyen de s'introduire à Verdun dont il était voisin, puisque sa forteresse de Damvillers touchait à nos portes. La *Commune* crut alors bien faire d'abandonner la Garde qu'elle avait demandée à la France, pour réclamer celle de Luxembourg.

Philippe de Valois, inquiété par les Anglais et les Flamands, laissa faire nos Communaux; et même les engagea à prendre un second Gardien, ou *Wardour*, dans la personne du comte de Bar, (1337), De cette façon, Verdun ne serait ni à l'un ni à l'autre, et resterait à la France pour des jours meilleurs. Cependant l'influence française s'y maintint jusque vers 1352, grâce à l'Evêque Henry d'Apremont, et malgré le désastre de Crécy.

Un cadet de la maison de Bar-Pierrefort, Hugues, succéda presque immédiatement à Henry d'Apremont, (1352). Il crut de bonne politique de favoriser le rétablissement de la *Commune démocratique*, au moins en partie, à peu près comme deux fois déjà elle avait existé. « Et les Bourgeois choi- « sirent pour Magistrats des gens du corps des « métiers et du commun peuple. »

Mais cette *Commune* mi-démocratique fut cassée par l'empereur Charles IV, fils de Jehan l'Aveugle, pendant la fameuse diète de Metz, tenue, en 1357, à laquelle assista le Dauphin de France, qui fut depuis Charles V dit le Sage.

Dans cette même diète, furent aussi cassées et annulées toutes les lettres de Garde *d'où qu'elles vinssent*; « attendu, dit le diplôme impérial, que la « cité de Verdun n'a pas le droit d'offrir, ni les « princes d'accepter de tels traités. »

Mais, ces grands mots n'étaient écrits que contre la France, malheureuse encore à Poitiers, (1356). Quelques mois après, Charles IV rétablissait, à neuf, la double Garde, au profit de Winceslas, son frère, duc de Luxembourg, et de Robert, duc de Bar, ou plutôt de sa mère, la fameuse Yolande.

Les Verdunois obéirent à la première injonction, sous l'influence des Lignages fort aises d'être débarrassés par la main de l'Empereur, des restes de démocratie que conservait encore la *Commune*. Mais, par haine d'Yolande, et cédant peut-être aux conseils de l'évêque Hugues, ils refusèrent de reconnaître la double Garde Luxembourgeoise et Barisienne.

De là, une guerre terrible et un siège de Verdun que nous raconterons, (1358),

On finit par faire la paix en janvier 1359 ; et la Garde de Luxembourg fut d'abord rétablie. Celle de Bar ne le fut qu'en 1363.

Dans l'intervalle, l'évêque Hugues partit pour la Terre-Sainte, non en croisé mais en pélerin. Il n'en revint pas, et mourut dans le désert, entre le Caire et le mont Sinaï. Il fut enterré au couvent du Sinaï, (1361).

En 1368. petite guerre de la Ville, contre Simon de Bassompierre, ancêtre du maréchal de Bassompierre.

Cependant, les Lignages avaient mis à profit les guerres étrangères comme les troubles intérieurs de la Cité, pour y asseoir insensiblement leur autorité, malgré les divisions qui existaient entre eux. Ils n'étaient point encore le Gouvernement ; mais ils faisaient quelquefois, comme *corps*, partie du Gouvernement. « Nous, li Nombre, *Linaiges*, « Citains et Communitei de Verdun, » est-il dit déjà dans un acte de 1313.

L'arrivée des gens des Métiers au pouvoir retarda celle des Lignages. Mais les premiers n'étaient point des amis de l'Empire ; et chacun de leurs échecs fut une victoire pour les seconds.

Enfin, ils comprirent que leurs divisions les affaiblissaient ; et que mieux valait rester unis, afin d'être plus forts. En réalité, ils étaient organisés à peu près comme les Métiers. Ayant donc l'organisation, la fortune et l'ambition, ils voulurent avoir aussi le pouvoir à l'exclusion de tous autres.

Les querelles de la *Commune*, avec l'évêque Jehan de Saint-Dizier, profitèrent encore au crédit des Lignages. Il est probable du reste que Jehan Waultrec, doyen de la Cité, qui porta, dans cette affaire, la parole au nom des Citains, fils de *drappier*, était lui-même un homme des Métiers, enrichi, affilié aux Lignages. Mais il n'est plus dès lors question ni des Métiers, ni « des gens du commun peuple. »

Les Lignages étaient donc presque maîtres en la Cité, quand l'empereur Charles IV, agissant, sinon sous leur influence, au moins dans leurs intérêts, proclama, en 1374, Verdun *ville libre et impériale* ; puis il assura, à la *Commune*, *à titre définitif*, la possession de la *Vicomté* ou justice criminelle, haute justice, dont elle n'avait joui jusqu'alors, depuis près d'un siècle, que parce que les Évêques la lui abandonnaient, à prix d'argent, et pour une période de dix ans renouvelable.

Quatre ans après, en 1378, le même Empereur confirma, par un autre diplôme, l'octroi de ces privilèges à la Ville, et y ajouta le droit de jeter des impôts sur tous ses habitants, et de disposer sans contrôle de ses finances.

Ce dernier droit achevait de soustraire Verdun à l'autorité des Evêques, et lui donnait la plénitude de la liberté.

Mais l'Empereur, en déclarant Verdun *ville libre et impériale*, s'était proposé un double but : d'abord rattacher plus étroitement notre Ville à l'Empire, et la soustraire aux influences françaises propagées par nos Evêques amis de la France; ensuite, abattre tout-à-fait la *Commune démocratique*, pareillement dévouée à la France, et la remplacer par une *Commune aristocratique*, celle des Lignagers plus favorables à l'Empire.

Ce fut à cette époque que les Lignagers, pour affirmer leurs sentiments impérialistes et faire leur cour, adoptèrent un nouveau sceau destiné à faire oublier celui de 1200 : c'était, *sur champ d'or, une aigle, aux ailes éployées, à deux têtes de sable, becquée et membrée de même*. Ce sceau, qui n'était que les *armes* de l'Empire allemand, dût sceller et authentiquer désormais tous les actes officiels de la *Commune aristocratique*, à la place du vieux sceau, *Civitas Virdunum*, emblême de la *Commune populaire et démocratique*. Aussi, ce ne fut jamais le sceau de la Cité de Verdun, mais celui des Jurés

de la Cité : « S. li Jureis de la Citei de Ver-
« dun. »

Les Lignages, également certains de l'approbation de l'Empereur, commencèrent à s'arroger exclusivement le titre de *Citains*, commun jusqu'à présent à tous les Citoyens de Verdun, qui dès lors ne furent plus que des *Bourgeois*. Ce titre de *Bourgeois, Burgensis*, perdit ainsi de sa valeur dans notre Ville. Il fallait être de l'un des trois Lignages, pour être Citain ; et il fallait être Citain, pour être appelé au conseil de la Ville.

Nous voyons cette distinction de Citains et de Bourgeois dans les deux actes suivants : « Nous,
« li *Citains*, habitants et communaultei de la Citei
« de Verdun, » disait-on encore en 1388, lorsqu'on acquit la Maison Montaulbain ; mais en 1395, lors de l'acceptation de la Charte de Garde donnée par la France, on disait déjà : « Nous, les Gouver-
« neurs, *Citains, Bourgeois*, habitants, université
« et communaulté de la Cité de Verdun... Et nous,
« les Gouverneurs. *Citains et Bourgeois* dessus
« olits. »

Comme tous les Citoyens, — *Cives Virdunenses*, — étaient Hommes libres, ils pouvaient posséder des fiefs dans les campagnes. Mais aux XIVe XVe et XVIe Siècles, les Lignagers, ayant la fortune, furent presque les seuls qui en acquirent. Or, la possession d'un fief donnait privilège de noblesse. De là l'origine de la vieille noblesse Verdunoise.

Il était nécessaire de dire ce mot des Lignages qui ont gouverné Verdun jusqu'à la fin du XVIe Siècle.

Du reste, cette transition de la forme populaire à la forme aristocratique, dans le Gouvernement de la Cité, se fit sans troubles ni violences. Verdun au contraire semble avoir joui, aux alentours de 1380, d'une très grande prospérité. Ce fut l'époque de la transformation de la Cathédrale, de l'achat de l'hôtel Montaulbain, et de la construction de la grande enceinte fortifiée, ou Grand-Rempart : nous en reparlerons.

La guerre de Charny ne fut qu'un épisode de ces temps heureux. Les Citains de Verdun, alliés aux hommes d'armes du duc de Bar, ruinèrent la forteresse épiscopale de Charny, alors aux mains d'un Pierre de Bar-Pierrefort, parent et ennemi de la maison ducale.

Cependant la France s'était relevée avec Charles V. Charles VI, dont la raison n'avait point encore failli, passa aux environs de Verdun à la tête d'une armée française, allant en expédition du côté de la Gueldre et de Juliers, dans l'été de 1388.

Les Citains, qui avaient bien quelque chose à se reprocher vis-à-vis de la France, eurent peur, et cédèrent au Roi tout ce qu'il voulut.

Charles VI entra dans Verdun, et conclut avec l'évêque Liébauld de Cusance le fameux traité de

Pariage qui, s'il avait été mis à exécution, faisait passer notre Ville, 164 ans plus tôt, sous la domination française. Par ce traité, Liébauld, sans s'inquiéter de la Commune ni de l'Empire, associait le Roi et ses successeurs, *à sa souveraineté temporelle, à ses droits régaliens*, sur Verdun et sur le Verdunois.

Mais les Citains firent de l'opposition ; l'Empereur s'en émut et adressa des remontrances ; l'Evêque recula ; et le traité de Pariage fut transformé en Garde, au mois de Juillet 1396.

La Garde de la France sur Verdun fut peu effective, à cause de la démence du Roi, et des guerres civiles, compliquées de guerres étrangères, qui désolèrent ce pays.

En 1404, mourut l'évêque Liébauld de Cusance. La France perdit en lui un bon serviteur.

Il fut remplacé par Jehan de Sarrebrück, frère d'Aymé de Sarrebrück, damoiseau de Commercy. Jehan n'est remarquable que par les pompes de sa première entrée dans sa ville épiscopale (1), et par le titre de COMTE DE VERDUN et de PRINCE DU SAINT-EMPIRE dont il se qualifia en 1407. Ces titres, vains souvenirs du passé, nos Evêques les

---

(1) Le beau et riche manuscrit, contenant le cérémonial de l'entrée solennelle de nos Evêques dans leur ville épiscopale, appelé le *Livret d'Or* et fait probablement par ordre de Jehan de Sarrebrück, est précieusement conservé aux archives de l'Hôtel-de-Ville de Verdun.

prirent quand ils n'eurent plus ni la puissance de Prince, ni les droits de Comte, et les portèrent jusqu'en 1790.

Un événement imprévu, qui amena la ruine de la maison ducale de Bar, et changea les destinées du Barrois, força Jehan de Sarrebrück à quitter Verdun.

Le duc Robert, qui mourut en 1411, après avoir régné 60 ans, avait six fils. Les deux aînés furent tués dans une guerre contre les Turcs, en 1391 ; et trois autres, parmi lesquels le duc Edouard II, périrent glorieusement « en la piteuse journée » d'Azincourt, en octobre 1415.

Aucun d'eux ne laissa d'enfants. Un seul, qui n'était point exposé aux batailles, survécut : ce fut le cardinal Louis, évêque de Châlons. Ainsi, la mort faucha coup-sur-coup, dans les combats, les cinq rejetons sur lesquels s'étayait cette puissante maison ducale, et l'anéantit complétement.

Le cardinal Louis héritait du duché ; mais après lui, plus rien ! Alors il adopta son petit-neveu, René d'Anjou, petit-fils de sa sœur, Yolande reine d'Aragon, et le fiança avec Isabelle, fille unique et héritière de Charles I, duc de Lorraine. Et ainsi furent réunis les duchés de Lorraine et de Bar. Puis, probablement afin d'être au centre de ses possessions Barisiennes, il fit transférer l'évêque Jehan de Sarrebrück à Châlons, et le remplaça à Verdun, en 1419.

C'était un prince quasi royal, que le cardinal Louis de Bar. Les Citains de Verdun lui firent un magnifique accueil, et renouvelèrent avec lui les traités d'alliance qui les unissaient aux ducs Robert et Edouard.

L'année suivante 1420, les Verdunois assaillirent la forteresse de Baleicourt, appartenant à un feudataire de Luxembourg, lequel les avait parfois fort incommodés par ses courses et ses pillages ; s'en emparèrent après six heures d'attaque où plusieurs bourgeois furent tués ; et en mirent les murs à ras de terre. Depuis lors, Baleicourt et son ban sont restés du territoire de la Ville.

Cependant Verdun n'avait point oublié que le pauvre Charles VI avait été notre Gardien. Trois mois après sa mort, en 1423, la Ville fit renouveler sa Garde par Charles VII. Ainsi, elle restait fidèle à ce prince dans le désarroi où se trouvait la France, partagée entre deux fractions fort inégales : les Anglo-Bourguignons pour lors tout puissants: et le parti de Charles VII à demi vaincu.

Mais en 1425, le cardinal de Bar et son petit neveu, René d'Anjou, ayant fait hommage au roi d'Angleterre, se disant roi de France, -- hommage que du reste René rétracta en 1429 -- pour la partie du Barrois *mouvant* de France, la Ville fut entrainée dans l'alliance Anglaise.

On avait toujours l'épée au poing à cette époque. L'année suivante 1426, la Ville eut guerre avec

Philippe de Norroy ci-devant seigneur de Baleicourt, et avec un sire de Billy, son allié.

« Item, en l'année 1428. René, duc de Bar, et
« ceulx de Verdun prirent un chastel, appelé Neuf-
« Ville (Champ-Neuville), que un capitaine de
« France, appelé Guillaume de Flavy, avait for-
« tunément gaigné. » Ce fut la dernière fois que les Verdunois se battirent pour leur propre compte.

Mais l'épée de Jehane la Pucelle avait ramené la victoire à la bannière de France.

Charles VII sembla vouloir se venger de la défection des Verdunois, et fit avancer vers leur ville une armée qu'il avait sur les marches de la Champagne. Les Verdunois firent d'abord quelques préparatifs de défense ; puis ils jugèrent plus prudent de se soumettre. Tout se termina par une somme de 10,000 florins que la Ville paya au Roi, (1440).

La France était maîtresse en fait de Verdun. Louis XI prit son évêque, Guillaume d'Haraucourt, en amitié ; ou plutôt s'en servit, parce que c'était *un assez rusé compère*, (1464-1468). Mais, ayant déplu au Roi, ou ayant conspiré contre lui, Louis XI le fit arrêter à Hattonchâtel, conduire à la Bastille et enfermer dans une cage de fer, où il resta quinze ans. On dit qu'il profita de son séjour en prison, pour y étudier à son aise le droit canon . (1)

Le même Roi, ayant appris, en 1475, que Charles-le-Téméraire, duc de Bourgogne, voulait s'emparer de Metz, fit avancer sur Verdun un corps considérable de troupes, sous le commandement de Georges de la Trimouille, « lequel mit cette Ville sous la puissance de Louis XI. »

Les Citains de Verdun avaient la réputation, pour le moment, d'être Bourguignons ; et puis, ils avaient arrêté un secrétaire du Roi et l'avaient livré au gouverneur de Luxembourg, qui le fit pendre. Maître de leur ville, Louis XI les condamna à lui payer une somme de 10,000 francs ; se fit faire amende honorable par les magistrats ; et l'un deux fut conduit à Tilly-sur-Meuse « où, étant en chemise, tête nue, et la corde au cou, il demanda pardon à Dieu et au Roi. »

La garnison française fut retirée de Verdun ; mais l'influence de la France y resta dominante, malgré les efforts de la Lorraine qui crut se l'attacher en y plaçant, à partir de 1508 jusqu'à 1667, jusqu'à sept Evêques, princes de sa maison ducale.

Aussi, quand par traité du 5 octobre 1551, les princes Luthériens d'Allemagne « trouvèrent bon

---

(1) On dit que Guillaume d'Haraucourt était l'inventeur de ces cages de fer. Il y a 130 ans, on en voyait encore une, datant de son époque, dans les prisons de l'Evêché.

« que le seigneur Roi de France, Henry, s'impa-
« tronisât des villes impériales qui n'étaient pas de
« langue germanique comme Cambrai, Metz,
« Toul et Verdun, » Verdun parut aux Français
être une simple restitution à eux opérée par l'Empire. Mais beaucoup de vieux Verdunois regrettèrent sans doute un changement qui devait faire perdre à leur ville, dans un prochain avenir, son indépendance et sa liberté.

Henry II entra à Verdun, le 12 Juin 1552.

L'occupation de Verdun par la France fut d'abord exclusivement *militaire*. Le fameux maréchal de Saux-Tavannes en fut le premier gouverneur. On laissa, à la Cité, son autonomie, ses lois, ses institutions.

Mais, une nouvelle constitution lui fut immédiatement donnée au nom du Roi.

En vertu de cette constitution, les Lignages, suspects d'attachement à l'Empire, furent supprimés comme corps politique ; l'ancien *Conseil* de la Ville, composé uniquement de Lignagers, fut dissout ; et un nouveau *Conseil*, pris « parmi tous
« les bourgeois et citoyens d'icelle Cité, » fut établi.

Comme l'évêque Nicolas Psaulme était bon Français, on le réintégra dans une partie des pouvoirs qu'avaient eu ses anciens prédécesseurs ; il nomma lui-même les vingt-cinq membres du *Conseil*, dans une liste de cinquante candidats « prins
« et choisis par tout le peuple. »

Cette constitution demi-démocratique dura de 1552 à 1574.

En 1574, Nicolas Psaulme la modifia sensiblement, en rendant aux Lignages, quasi comme patrimoine de famille, les hautes dignités du *Conseil*; c'est-à-dire, celles de Doyen, de Maître-Echevin, et d'Echevins, au nombre de quatre : « et les « dits Doyen et Echevins se prendront des an- « ciennes familles de la dicte Cité. »

Le gouvernement, établi par Nicolas Psaulme, dura un demi-siècle avec de légères modifications.

Pendant ce demi-siècle, Verdun vécut encore de sa *vie propre*, se débattant toutefois sous le *protectorat* impérieux de la France, car le Roi de France n'était que son *protecteur*, *Vicaire du Saint-Empire*. Mais il ne tarda pas à perdre cette vie, lorsque la France, victorieuse et pacifiée, put parler en maîtresse, comme elle fit du reste à Metz et à Toul.

Pendant les guerres de Religion et de la Ligue, c'est-à-dire depuis 1562 jusqu'en 1598, le grand soin des Magistrats de Verdun, de concert avec les Evêques, fut de garantir la ville de l'invasion du Protestantisme. La preuve est l'attaque de Verdun, que nous raconterons.

En février 1589, Verdun se fit Ligueur. Les trois Etats de la ville prêtent serment à la Sainte-Union ; promettent de ne plus recevoir de garnison française, puisque le Roi de France combattait avec les Huguenots ; et s'engagent à prendre une garnison catholique lorraine, à condition toutefois qu'elle sortira aussitôt la paix faite.

Sur cette nouvelle, le gouverneur espagnol de Damvillers, croyant l'occasion favorable pour introduire, à Verdun, les troupes de Philippe II allié à la Ligue, vint jusqu'à Charny avec 600 chevaux. Mais les Bourgeois lui firent dire de ne pas pousser plus loin ; qu'ils avaient garnison lorraine, et qu'ils étaient désolés de ne pas le recevoir !

Les Lorrains se crurent maîtres de Verdun.

Aussi, un prince de la Maison de Lorraine, Erric, en fut élu Evêque, en 1593.

Mais la Ligue, battue de tous côtés par l'épée et par la politique de Henry IV, avait déjà cessé d'exister.

Henry IV écrivit aux Bourgeois de Verdun, une de ces lettres comme il savait les tourner, leur demandant de rentrer sous son obéissance et de recevoir une garnison française, (1594).

Le duc de Bouillon, maréchal de France, accompagnait cette lettre, et la garnison française suivait. Il fit vivre ses troupes quelques mois, aux dépens des Bourgeois. Ce fut la seule vengeance de Henry IV.

Le 9 mars 1603, le Roi, allant à Metz et à Nancy, passa par Verdun, où il fut reçu avec les honneurs qui lui étaient dûs. Il charma les Verdunois par sa simplicité, son esprit et sa verve gasconne; pourtant cela ne l'empêcha pas, peu après, de leur faire défense de porter *appel*, des jugements de leurs tribunaux, à la *Chambre* Impériale de Spire. Il créa pour recevoir ces *appels*, une Chambre Royale à Verdun. C'était certainement plus commode pour les Verdunois. Mais de cette façon, le Roi brisait le seul lien qui les rattachait a l'Empire; et surtout introduisait dans la ville des Magistrats français.

L'évêque Errie s'opposa à cette innovation, dangereuse pour les libertés de Verdun ; fit un mandement pour défendre à ses *sujets* de porter leurs *appels* à la Chambre Royale; et ne réussit qu'à se brouiller avec la France.

Néanmoins, Louis XIII, lors de son avènement au trône, renouvela, par Lettres Patentes, de Janvier 1611, la protection et sauvegarde qu'il devait à la ville de Verdun, comme héritier de la couronne de France.

Pendant les troubles qui agitèrent les commencements du règne de Louis XIII, Verdun demeura fidèle au Roi, grâce peut-être à son Evêque, le prince Charles de Lorraine, neveu et successeur du *duc* Errie.

Richelieu paraît, gouverne et précipite les évènements à Verdun comme partout ailleurs.

Il entrait dans sa politique, qui était bien celle de France, de s'attribuer complètement la souveraineté sur notre ville, comme déjà c'était chose faite à Metz et à Toul.

Il fit d'abord, en 1625, construire une citadelle qui était une menace aux Bourgeois, en même temps qu'un boulevard contre les ennemis du dehors : Nous en reparlerons. Le prince François de Lorraine, qui avait remplacé comme Evêque son frère Charles, fit de l'opposition. Son temporel fut saisi ; et ordre fut donné par le Roi, en 1627, d'avoir désormais à chanter dans toutes les Eglises des Verdunois le *Domine salvum fac Regem nostrum*, au lieu de *Protectorem nostrum*.

Là dessus, adresse au Roi, signée de 500 Bourgeois chefs de famille, protestant de leur soumission à Sa Majesté comme le doivent de fidèles sujets à leur Souverain. Là dessus aussi, vaines remontrances de l'Empereur d'Allemagne.

En 1631, peste terrible qui désole Verdun.

En 1632, voyage du prince de Condé à Verdun. Par ordre du Roi, il fait enlever des portes de la Ville, effacer de tous les monuments publics, les *armes* de l'Empire ; défend de les employer désormais comme *scel* des actes officiels, et les fait remplacer par l'écu de France. Ainsi, la Fleur de Lys française, que plus tard on nous donna comme armoiries, parce qu'on ne voulut pas faire revivre le vieux sceau, *Civitas Virdunum*, cette Fleur de Lys, dis-je, n'est pas plus les *armes* de Verdun que ne l'était l'Aigle allemande.

Enfin, en 1633, un arrêt du Parlement de Metz, nouvellement fondé, supprima les Tribunaux de notre Cité, tels qu'ils avaient existé depuis sept cents ans, créa de nouveaux Juges, étendit leur ressort, et ordonna de rendre la Justice au nom du Roi !

C'en était fait : Verdun avait vécu comme République ! Désormais, entrant dans la grande unité française, absorbé pour ainsi dire par la France, il devait suivre toutes les vicissitudes de sa fortune ; il devait en partager tous les triomphes et tous les revers, toutes les joies et tous les deuils !

Nous n'avons plus à citer ici que quelques faits relatifs à son histoire particulière, jusqu'au traité de Westphalie.

En 1635, le prince François de Lorraine, frappé lui-même par les malheurs de sa famille que la France avait dépouillée de ses Etats, manda de lever quelques troupes sur les terres de son Evêché et ailleurs, et les réunit à diverses bandes de Polonais, de Hongrois et de Croates. Cette armée, ou plutôt ce ramassis de pillards, se présenta devant Verdun, espérant effrayer la petite garnison française et s'emparer de la Ville. Mais les Bourgeois prirent les armes ; et, joints aux Français, ils repoussèrent ces routiers jusqu'au village de Dieppe, à deux lieues de Verdun, où ils étaient campés, et d'où, pendant près d'un an, ils ravagèrent, comme des loups enragés, tout le plat pays.

En 1636, la peste reparait à Verdun, et y fait de nombreuses victimes.

En 1639, Manassés de Feuquières, gouverneur de Verdun, se fit tuer sur ses canons en assiégeant Thionville. Picolomini, après avoir fait lever le siège de cette place, se disposait à marcher sur Verdun. Mais, Verdun avait une citadelle, et il était commandé par le fils de Feuquières, soldat non moins énergique que son père.

Feuquières fit raser, à une certaine distance, toutes les maisons hors des murs ; trainer tout ce qu'il pût de canons sur les remparts ; en hisser sur les tours, et prendre un fusil à tous ceux qui pouvaient s'en servir. Il répara et augmenta les fortifications; et obligea tous les habitants, clergé, bourgeois, enfants, femmes même qui en étaient capables, à travailler à un grand retranchement qu'il fit élever devant le pont de la Chaussée, à l'endroit où est aujourd'hui la demi-lune. Depuis Tavannes, en 1552, on n'avait point vu, à Verdun, pareille fièvre de guerre.

Le général ennemi jugea, par les préparatifs de défense, que la défense elle même serait longue et désespérée. Il laissa Verdun sur la gauche, descendit la Meuse et alla se faire battre à Mouzon.

Cette victoire débarrassa nos contrées des armées ennemies, et reporta la guerre sur les bords du Rhin.

Mais depuis 1622, la plus horrible misère n'avait

cessé de désoler notre ville, les contrées voisines et toute la Lorraine.

Les cruautés inouïes des gens de guerre ; leurs pillages barbares dans nos campagnes dont ils avaient enlevé tous les chevaux et les bestiaux ; les famines succédant aux famines faute de bras pour cultiver la terre ; les villages brûlés ; les habitants affamés, errants et mourants sur les grands chemins, vivant comme des fauves dans les forêts, ou se réfugiant dans les villes où on ne pouvait les nourrir ; des maladies contagieuses abattant ceux que la faim avait épargnés et causant partout d'effroyables ravages ; tous les fléaux en un mot accumulés font, de cette époque, l'une des plus lamentables dont l'histoire des calamités humaines fasse mention !

La paix fut enfin signée, entre la France et tous ses ennemis, en 1648 à Munster en Wesphalie.

En vertu de ce traité, l'Empire reconnaissait officiellement et par acte international, la Souveraineté de la France sur les trois Evêchés, Metz, Toul et VERDUN ; et nos Evêques perdaient irrévocablement, en droit, le *pouvoir régalien* sur la Ville et le Comté de Verdun, qu'ils avaient depuis longtemps perdu en fait.

Cependant l'évêque François de Lorraine, qui ne mourut qu'en 1661, prit jusqu'à la fin son rôle de *prince souverain* au sérieux.

De tous les droits, que ses prédécesseurs avaient reçus de l'empereur Othon III, il lui en restait deux dédaignés par la Ville, et oubliés par la France : celui de battre monnaie et d'anoblir.

Le prince François fit frapper quelques monnaies à son coin, vers 1630 ; et donna des lettres d'anoblissement à un Luxembourgeois qui vint habiter le château de Dieue-sur-Meuse.

III

SIÈGES

QUE VERDUN A SOUTENUS

Avant de parler des sièges que Verdun a soutenus, disons un mot de ses fortifications.

La première enceinte de Verdun, on le sait déjà, consistait dans la ceinture de rochers à pic qui entouraient la pointe de *Dun*, ou colline sur laquelle il était bâti.

Mais la main des hommes avait ajouté à ces fortifications naturelles. On voit des traces de remparts, soutenant ces rochers, derrière les maisons de Rue, Vieille-Prison, Mazel, Saint-Pierre, Chevert et Montgault. (1)

En haut de Montgault ou Montgoults finissait la ceinture de rochers; et la fortification se continuait, sur le sommet même de la colline, par un mur, avec fossé, qui allait rejoindre directement son point de départ, c'est-à-dire l'escarpement de Rue.

Dans ce mur se trouvait sûrement la porte du vieux *Castrum* romain qui devint la porte Châtel, Noire ou Champenoise, de la *Fermeté* au moyen-âge

---

(1) On disait au moyen-âge « Rue Montgoults » ou « Montée des Goults. »

Cependant, au cours des siècles, Verdun était sorti de son étroite enceinte. Non seulement, il était descendu: au Midi, dans la plaine, sur les divers bras de la Meuse; mais encore, il s'étendait à présent : à l'Est et au Nord, autour de l'Eglise Saint-Pierre-l'Engéolé, et des abbayes de Saint-Paul et de Saint-Maur sur la Scance (1); et à l'Ouest, sur le sommet de la colline, autour de l'abbaye de Saint-Vannes.

Mais, cette ville nouvelle restait en dehors de l'enceinte fortifiée. Seule, la partie la plus considérable, celle qui se trouvait sur les divers bras de la Meuse, avait été mise de bonne heure, suivant le chroniqueur Richer de Reims, à l'abri d'un coup de main.

Plus tard, les évêques Haymon, puis Thierry-le-Grand commencèrent, autour de Saint-Vannes, des ébauches de fortifications; mais ils durent y renoncer devant la résistance des moines. Pourtant, vers 1160, l'abbé Conon fit entourer son monastère d'une forte muraille flanquée de tours. Mais cette muraille et ces tours, bonne défense pour le couvent, étaient sans doute une gêne pour la ville, qui n'en était point maîtresse; car, en 1246, les

(1) La *Scance*, petit ruisseau de Baleicourt et de Glorieux, pénétrait autrefois en ville près de l'abbaye de Saint-Maur, sur le terrain où se trouve la porte de France, et se jetait dans la Meuse près de l'abbaye de Saint-Paul, là où est le bastion Saint-Paul.

Citains les voulurent démolir.

Telles étaient nos fortifications, jusqu'au milieu du XIIIᵉ Siècle.

A cette époque, vers 1250, « les XVIII Juréis et « la Communaultei de la Citei de Verdun », jugeant ces fortifications trop vieilles et insuffisantes, y firent ajouter ce qu'on appela le Petit-Rempart ; pendant que l'abbé Nicolas faisait construire une forte clôture autour de son monastère de St-Airy, au pied de St-Victor.

Le Petit-Rempart était une épaisse muraille avec tours. Cette muraille prenait à l'extrémité de Rue, sur la rive gauche de la Meuse qui lui servait de fossé, et longeait le fleuve jusque vis-à-vis la rue actuelle du St-Esprit. Arrivée là, elle obliquait brusquement à gauche, et venait à angle droit, la rue du St-Esprit elle-même formant fossé, rejoindre les remparts de la Fermeté, en dessous de la Magdelène. Elle donnait entrée en ville par une porte nommée Ancel-Rue, qui ne fut démolie qu'en 1618, et dont une plaque en marbre noir, sur la maison portant le nº 40 de la rue Mazel, rappelle l'emplacement. (1)

---

(1) Il y avait la tour des Ecuyers à peu près à l'endroit où la rue du Saint-Esprit rejoint la rue des Rouyers. La rue du Saint-Esprit était alors un fossé appelé le fossé Lambin, d'où plus tard le nom de rue du Fossé-Lambin qui précéda celui de St-Esprit.

Ancel-Rue, — *Anselmi vicus*, — était le nom de la rue, aujourd'hui appelée Mazel, qui allait de la très vieille place Mazel, à la porte Ancel-Rue vulgairement dite Nancelrue.

Cent dix ans après la construction du Petit-Rempart, lorsqu'on eut supporté le siège de 1358, on comprit la nécessité de faire une nouvelle enceinte, plus forte et plus vaste, qui mit à l'abri tous les quartiers de la ville.

La Commune, voulant n'être troublée, ni par l'Evêché, ni par l'Empire, dans l'accomplissement de ce grand et patriotique projet, obtint d'abord *légalement*, ce qu'en fait elle possédait déjà, la *liberté financière* : Nous avons dit qu'elle se fit octroyer, par diplôme impérial, « l'autorisation « d'établir, sur tous ses citoyens et habitants, pré- « sents et futurs, toutes tailles et impositions, « raisonnables et nécessaires, pour fortifier ses « tours, ses fossés et la fermeté de ses murailles »

Immédiatement, on appela des ouvriers de toutes parts ; on se mit à l'œuvre ; et, en peu d'années, l'on construisit le Grand-Rempart sur les plans de quelque Vauban inconnu qui se qualifiait de *maçon* ou de *tailleur de pierres*, tout comme les architectes qui bâtissaient nos grandes Cathédrales.

Le Grand-Rempart, solide muraille flanquée de distance en distance par de grosses tours, enfermait la ville à peu de chose près, comme l'enferme l'enceinte actuelle.

Il prenait vers la Digue, où la prairie et les eaux de la Meuse servaient de défense ; remontait vers Saint-Airy, empruntant la clôture de l'abbé

Nicolas; contournait Saint-Victor où était une porte (1): et redescendait à l'Est vers le Nord. Dans ce parcours, on rencontrait la tour la Bergère qui a donné son nom au bastion qui l'a remplacée; puis la tour des Champs qui existe encore dans nos remparts actuels, mais moins haute qu'autrefois (2).

A la tour des Champs, mais dans l'intérieur même de la fortification moderne, prend une petite muraille à meurtrières et banquettes, coupée dans son milieu par la tour de l'Islot (3), et venant se relier à la tour du Moulin-la-Ville. Cette muraille, avec un bras de la Meuse pour fossé, est un reste de l'ancien Grand-Rempart; elle a été utilisée, jusque vers 1825, pour la défense de la place.

Cette tour du Moulin-la-Ville, qui existe toujours, terminait le Grand-Rempart, sur la rive droite de la Meuse. Sur la rive gauche, presqu'en face mais un peu en aval, se trouvait la belle tour de la porte de la Chaussée dont nous reparlerons.

(1) La porte primitive de St-Victor ouvrait sous une belle tour géminée, comme la tour de la Chaussée. Elle fut démolie en 1685, et remplacée par la porte voutée, avec pont-levis, que nous avons vue, et qui elle-même a été remplacée, vers 1880, par une large porte, à ciel ouvert et sans pont-levis. Le même changement a été fait à toutes les sorties de la ville, la porte nouvelle St-Paul exceptée.

(2) Il y avait aussi autrefois une porte à la tour des Champs. Elle fut fermée et murée vers le XVe siècle. On en a ouvert une à côté, vers 1880.

(3) La tour de l'Islot, a servi, jusqu'à ces temps derniers, de prison pour une nuit.

Ces deux tours barraient le passage du fleuve, très large en cet endroit, et par place très profond, car tous les bras de la Meuse y sont réunis (1).

A la tour de la Chaussée, venait se raccorder le Petit-Rempart, prolongé le long de la Meuse (2).

A partir de la tour de la Chaussée, le Grand-Rempart continuait le long de la Meuse, qui lui servait de fossé, jusqu'à la tour des Franquillons, (Français), à l'angle du bastion actuel St-Paul. De là, faisant un brusque oblique à gauche, il laissait en dehors la Vieille-St-Paul, qu'on nomma *hors des murs*, et près de laquelle se trouvait une porte de ville (3); englobait St-Maur; et rejoignait la hauteur de St-Vannes en avant de la clôture du monastère, suivant dans tout ce parcours, à peu près le même tracé que les fortifications actuelles.

« Une porte en France » existait déjà à cette époque dans le Grand-Rempart, mais beaucoup plus rapprochée de St-Vannes : elle était presqu'en communication directe avec la porte Châtel.

(1) Depuis la canalisation de la Meuse, en 1875-1878, l'aspect du fleuve et de la ville a considérablement changé, entre la tour de la Chaussée et celle du Moulin.

(2) Aujourd'hui encore les jardins et les derrières des maisons, depuis la tour de la Chaussée jusqu'à la rue du Port-de la Magdelène, appartiennent au génie.

(3) « Il paraît, dit l'Almanach historique de dom Cajot, « que la plus ordinaire entrée de la ville était près de l'an-« cienne St-Paul. M. de Tavannes, gouverneur de Verdun « sous Henry II, fit murer la porte » quand il fit abattre le couvent.

La porte de France actuelle a été ouverte par Marillac, et l'ancienne démolie entra dans le rempart de la Citadelle. (1)

Arrivé en haut du mont Saint-Vannes, et empruntant peut-être quelques parties des fortifications du monastère, le Grand-Rempart redescendait sur le flanc méridional de la colline, et allait rejoindre le Petit-Rempart sur le pont des Raines, où se trouvait la porte du Mesnil, ainsi appelée du faubourg de ce nom qui était voisin. (2)

Ainsi, le couvent de Saint-Vannes, sur la même hauteur que Verdun, et même à un point plus élevé, faisait une espèce de forteresse indépendante et voisine de la ville.

Cette excellente position militaire avait naguère, nous l'avons dit, attiré l'attention de deux de nos plus grands Evêques. Elle ne pouvait échapper à celle des Français, maîtres de Verdun.

(1) La porte actuelle de France, ouverte par Marillac, et rebâtie par Vauban, avait pont-levis, et longues et sombres voûtes, avec l'écu de France, détérioré par la Révolution, à l'entrée du côté de la campagne. Depuis 1880, écu, voûtes et pont-levis ont disparu pour faire place à une large baie à ciel ouvert, défendue seulement par une grille en fer servant de portes.

(2) On possède deux *vues de Verdun*.
La première de Pierre Jacob, en 1591, donne tout le côté Nord-Est de la Ville. On y voit parfaitement le tracé du Grand-Rempart avec toutes ses tours, depuis St-Victor et la tour de la Chaussée, jusqu'à St-Vannes.
Dans la deuxième, d'Israël Sylvestre, en 1669, on voit au contraire le côté méridional de la Ville, avec la citadelle de Marillac.
Dans ces deux vues, la magnifique Eglise St-Vannes se découvre entièrement et domine Verdun.

Lors de la réunion de Verdun à la France, « le « roy Henry II, étant à Verdun, advisa faire une « citadelle ès jardin de l'Evesque. » Elle fut en effet commencée presqu'aussitôt ; puis interrompue; puis reprise en 1567, sous Charles IX ; puis de nouveau abandonnée, pour être de nouveau reprise par ordre de Louis XIII, en 1625. Elle fut achevée en 1630. Mais le fameux Marillac, alors gouverneur de Verdun, paya de sa tête les exactions et concussions qu'il avait commises dans la ville et dans les campagnes voisines.

En 1670, l'illustre Vauban vint à Verdun, étudia la position et fit notre citadelle actuelle, en même temps qu'il modifiait complètement l'enceinte de la ville : nous le dirons tout à l'heure.

A la suite des travaux exécutés soit par Marillac, et par Vauban, trois faubourgs de Verdun, qui entouraient St-Vannes, furent détruits : Haut-Escance (Glorieux) sur le versant nord-est de la colline ; le ban Saint-Vannes, à l'Est, au sommet; et Mesnil, sur le versant méridional.

« Le faubourg de *Glorieux*, lequel a dégénéré en « un hameau, dit dom Cajot, depuis que le maré-
« chal de Marillac eut affecté le terrain de *Glorieux*
« aux glacis de notre citadelle vers 1626. Le retran-
« chement de deux cents maisons, fit alors refluer
« les propriétaires dans l'emplacement de *Regret*,
« autre hameau dont l'étymologie s'indique
« assez.....

« Le Ban Saint-Vannes, ajoute-t-il plus loin, a
« eu le sort du faubourg de *Glorieux*..

« Plus de cent soixante habitations démolies de
fond en comble, pour ménager une esplanade entre
» la ville et la citadelle, ont causé le renversement
« des églises paroissiales de St-Remy et de Saint-
« Amant, et réduit à la mendicité près de deux
« cents familles, depuis la clôture de Saint-Van-
« nes jusqu'à la porte Châtel. »

Le faubourg du Mesnil fut aussi ruiné. On construisit à la place de toutes ces maisons renversées, les bâtiments militaires, les casemates, les remparts, les fossés et les glacis de la nouvelle citadelle. Toutes ces démolitions eurent lieu soit en 1625, soit en 1678 et 1679.

Par ordre de Louis XIV, l'abbaye de St-Vannes resta seule debout.

La citadelle ainsi reconstruite, le même Vauban, qui savait si bien prendre les places ou les empêcher d'être prises, eut également à changer complètement les fortifications de Verdun. La vieille enceinte, que nous venons de décrire, disparut ; et une nouvelle enceinte, bastionnée et mise par le génie de ce grand homme au niveau de la science militaire moderne, s'éleva autour de Verdun.

On a modifié, perfectionné Vauban, mais on n'a pas changé ses principes. en fait de fortifications.

Cet aperçu sommaire des fortifications de Verdun aux diverses époques de son histoire, était nécessaire pour en bien comprendre les sièges.

—

PREMIER SIÈGE par Attila en 450.

Attila ayant pris Metz, se dirigea sur Verdun. Nos vieilles chroniques ne nous donnent de ce siège aucun détail. Elles disent que la ville fut pillée, brûlée et laissée, par les Huns, dans l'état d'une forêt ravagée par les sangliers : « *sicut aper in silva.* »

SECOND SIÈGE par Clovis.

Ou après Soissons en 485, ou après Tolbiac, en 496 ; on ne sait pas au juste la date de ce siège. Les Verdunois avaient-ils donné refuge aux débris des légions romaines ? S'étaient-ils révoltés contre les Franks, à l'approche de l'invasion allemande ? Ou bien n'étaient-ils pas encore soumis ? ..... Toujours est-il que Chlodowig (Clovis) s'en vint camper, avec son armée, devant Verdun et dressa contre la place ses engins de guerre.

« Déjà le sommet des murailles était battu par « les béliers ; déjà la force de ses remparts parais- « sait devoir bientôt céder à la violence de ses diverses machines de guerre ; » et les Franks se disposaient à monter à l'assaut, quand tout-à-coup on vit sortir de la ville, non pas une troupe de guerriers redoutables, mais un vieillard inoffensif et suppliant, suivi de quelques hommes désarmés.

C'était Euspicius, chef de la Chrétienté de Verdun, qui venait demander grâce pour la ville et ses habitants. L'évêque St-Firmin était mort le jour même de l'arrivée des Franks devant Verdun.

Clovis, plutôt par politique que par générosité, entra dans la Cité, tenant Euspicius par la main, et pardonna aux habitants. « Les Franks restèrent « deux jours à Verdun, délassant leurs corps dans « de royaux festins — *puxta morem* — selon leur « coutume, » dit Hugues de Flavigny.

TROISIÈME SIÈGE, par Lothaire, en 984.

Pendant la minorité d'Othon III, empereur d'Allemagne, Lothaire, le dernier roi de France de la race de Charlemagne, — son fils ne compte pas — jugea le moment favorable pour reconquérir une partie de la Lorraine, et vint mettre le siège devant Verdun, au printemps de 984.

Richer de Reims, qui l'accompagna, nous a laissé, de la ville et de ses abords, une description assez pittoresque et juste au possible.

L'armée de Lothaire, composée des grands féodaux de France et de leurs vassaux, aborda Verdun par ses deux côtés accessibles, c'est-à-dire par l'Ouest et par le Nord. Elle ne trouva sur les remparts que les hommes de la ville, gens peu faits au métier des armes. Le comte de Verdun, Godefroid-l'Ancien et ses chevaliers, guerroyant ailleurs, n'avaient pu arriver à temps au secours de la place.

Cependant les Verdunois se défendirent d'abord vaillamment. Mais, comme après tout ils étaient loin d'être hostiles aux Français, ils leur ouvrirent les portes de la ville le huitième jour. Lothaire entra dans Verdun, ainsi que dans une cité française qu'il aurait reprise sur l'ennemi; et, pour marquer sa confiance aux Verdunois, il leur laissa la reine Emma, sa femme, avec une troupe peu nombreuse, mais dévouée.

Quatrième siège, par le même Lothaire, en 984.

La France ne fut pas longtemps maîtresse de Verdun. A peine Lothaire était-il rentré dans ses états, rappelé aux environs de Paris, par un rébellion de Hugues-Capet, que le comte Godefroid, accompagné de ses quatre fils et d'un nombre considérable de seigneurs Lorrains tenant le parti de l'Empire, surprend la ville basse, le *Claustrum negotiatorum* de Richer; pénètre, moitié par ruse moitié par force, dans la ville haute, la Fermeté, et en chasse la petite garnison française.

Ainsi rentré dans sa ville comtale, Godefroid songea immédiatement à la bien garder contre un retour offensif de Lothaire qui ne pouvait tarder. Il en fit réparer et augmenter les fortifications ; et y accumula des vivres, des armes, des engins de guerre, toutes les munitions et tous les moyens en usage dans les places assiègées. Pour ces approvisionnements et ces travaux il réquisitionna, non seulement les habitants de la ville, mais encore ceux des campagnes voisines.

Lothaire en effet avait été grandement irrité à la nouvelle de la surprise de Verdun. Le mois d'octobre n'était point écoulé, qu'il avait réuni le ban et l'arrière-ban de ses vassaux ; et, à la tête de dix mille hommes des plus vaillants, il venait planter sa tente devant Verdun : « — *Hic cum decem milli-* « *bus pugnatorum Virdunum petiit,* » — dit encore Richer. Mais nous ne suivrons pas le chroniqueur Rémois dans tous les détails de ce siège mémorable.

Ce n'étaient pas, cette fois, de pacifiques bourgeois que les Français devaient rencontrer sur les murailles de la place, mais bien de vrais hommes d'armes, habitués aux combats et rompus aux fatigues de la guerre. Aussi, la ténacité de la défense fut-elle égale à l'énergie de l'attaque ; et des deux cotés, on mit en œuvre tout ce que la science barbare de l'époque pût ingénier, pour attaquer une forteresse, ou pour la défendre.

Derrière les brèches faites aux murailles par les béliers des assiégeants, de nouveaux et solides retranchements furent élevés. Pas de surprises possibles ; partout où des échelles étaient dressées, se trouvaient cent bras pour les renverser. Les flèches, les dards, les carreaux, les pierres, semblaient frapper inutilement les assiégés ; ils tombaient, étaient remplacés : mais le poste n'était point abandonné. Il y eut dix assauts terribles, à ciel ouvert, où les assaillants, écrasés par d'énormes poutres roulées sur eux, brûlés par l'huile bouillante versée à flots, arrêtés, repoussés par les piques, les haches, les maillets de fer, les épées, ne purent tenir sur la muraille. On eut recours à des tours roulantes aussi élevées que les remparts, avec pont-levis qui devaient s'abattre sur leur sommet ; elles furent ou brûlées, ou démolies par les assiégés. Et pendant plusieurs semaines, malgré les pluies d'automne, on travailla et on combattit ainsi de part et d'autre, avec un acharnement inouï.

Enfin, une de ces tours ambulantes, machine plus énorme que les autres, s'approcha de la muraille qu'elle dominait de beaucoup. Les Lorrains lui en opposèrent une pareille. Celle des Français était armée de gros crocs en fer qui harponnèrent la tour ennemie, et commencèrent à la tirer à bas. Dans ce moment, Lothaire conduisait ses guerriers à l'assaut : il était au premier rang, ainsi qu'il convenait. Une pierre lui fracasse la mâchoire : il tombe, mais se relève aussitôt ; et, continuant à se battre, il arrive à planter sa bannière sur les remparts. Le tumulte et le désarroi, occasionnés, d'un côté par la tour qui penchait, et de l'autre par l'indomptable courage du Roi, triomphent enfin de la résistance désespérée des Lorrains.

Le comte Godefroid, un de ses fils, Frédéric, et les principaux seigneurs qui étaient avec lui, sont faits prisonniers, (fin 984).

Lothaire épargna aux habitants de Verdun, les

horreurs du pillage : « Vous êtes assez punis, « leur dit-il, d'avoir été quelque temps sous la « domination allemande ! »

Le roi Lothaire mourut le 2 mai 986. Trois mois après sa mort, Verdun fut rendu à l'Empire !

Cinquième siège par Godefroy-le-Barbu, en 1047.

Nous avons dit la cause de ce siège. L'évêque Thierry-le-Grand avait offert à Godefroid-le-Barbu d'être tout simplement son *comte épiscopal*, son *Voué*.

Le Barbu, irrité d'une telle proposition qu'il prenait pour une insulte, accourut, avec une nombreuse armée des frontières de la Hollande, pour punir ce qu'il appelait la révolte de l'Evêque. Thierry lui ferma les portes de Verdun.

La ville n'était facilement abordable, nous l'avons déjà dit aussi, que du côté Ouest et du côté Nord. Ce fut probablement du côté Ouest, vers la porte Châtel, seul endroit où il n'y eut qu'un fossé et une muraille, et pas de rochers, que le Barbu vint planter ses échelles.

Un furieux assaut fut donné, la milice épiscopale et les citoyens de Verdun firent vaillamment leur devoir. Mais ce n'était qu'une fausse attaque. Godefroid, profitant de ce que les hommes de Verdun se battaient tous en cet endroit, escalade lui-même, à la tête d'une troupe peu nombreuse mais choisie, les rochers du front Nord de la place, et tombe par derrière sur les Verdunois dont il fait un grand carnage.

Y eut-il trahison, ou simplement surprise ?. Toujours est-il qu'un vieux chroniqueur contemporain, l'allemand Hermann Contract, dit que « la « ville fut prise par ruse, — *dolo captam.* »

Le Barbu ne mit pas de frein à sa fureur. Le sang coula sur les ruines. « On commit toutes sortes de « dévastations et de meurtres, —*multi modâ strage* « *commissâ,* » dit un autre chroniqueur, Laurent de Liège.

« Après avoir pillé et gasté les maisons des « particuliers et l'hostel de l'Evesque, le dict « Godefroid fit mettre le feu en la Cité, és lieux « où il lui sembloit qu'il ne feroit dommage aux « Eglises lesquelles il entendoit garder.

« Mais, incontinent que le feu fut mis aux mai- « sons et habitation épiscopale, il jaillit et volla « en l'Eglise cathédrale de Nostre Dame, de quoy « il fut bien esbahy et marry. »

En vain, ordonna-t-il « à ses gendarmes » d'abandonner le pillage, pour éteindre l'incendie ; en vain, lui-même, conduisant ses soldats, chercha-t-il à combattre et à arrêter les progrès de la flamme. « La flamme victorieuse, —*flamma victrix,* » suivant l'expression du chroniqueur, dévora la grande Eglise Notre Dame, de laquelle il ne resta debout que les murailles noircies, au milieu des décombres entassées.

Tous les trésors de la cathédrale furent perdus ; « et beaucoup de citoyens et beaucoup de clercs,

« dit Laurent de Liège, dispersés çà et là, s'enfui-
« rent de ce lieu.

Il nous semble intéressant de raconter ici la pénitence que fit Godefroid-le-Barbu, pour avoir brûlé la Cathédrale.

Après le sac de Verdun, Godefroid était allé piller une partie de la Haute-Lorraine, battre et tuer son duc Adalbert d'Alsace. Mais, de ses victoires, il n'avait rapporté d'autre fruit que sa déchéance du duché de Basse-Lorraine, prononcée contre lui par l'empereur Henri III, en punition de sa révolte.

Il revint à Verdun, de ses états la seule ville importante qui lui restât, malgré qu'elle ne fut point encore relevée de ses ruines : puis, il fit sa paix avec l'évêque Thierry : nous avons indiqué à quelles conditions.

Or, un jour des commencements de l'année 1048, — soit qu'il voulut se réconcilier avec les Verdunois ; soit qu'il cédât à la mobilité de ses impressions qui, d'un moment à l'autre, le faisait passer des excès de la violence à ceux de la générosité ; soit enfin qu'il fut pris d'un subit remords, ou « qu'il craignit la colère de Dieu » comme Laurent de Liège semble le croire : — « *iram Dei metuens,* » — un jour, disons-nous, on vit le Barbu paraître en public dépouillé de son harnais de guerre, couvert de vêtements sombres et usés, les pieds déschaux, pareil à un pauvre mendiant.

Dans cet accoutrement, humble et suppliant, il alla, avec lenteur comme s'il eut été écrasé sous le poids de ses remords, au milieu d'une foule stupéfaite, de la porte Châtel, où il avait donné un si furieux assaut, jusqu'à l'entrée des ruines qui avaient été l'Eglise Notre-Dame.

« Et de la porte d'icelle, sur ses couldes et
« genoulx, quasi rampant et se traînant, alla jus-
« ques au grand autel de la dicte Eglise qu'il avoit
« ainsi brûlée. En quoy faisant, pleuroit et gémis-
« soit amèrement, demandant pardon de l'offense
« par luy commise à Dieu premièrement, puis à
l'évesque Theodoricus. »

Arrivé près du grand autel encore noirci par les flammes, « il se fit, dit-on, — *ut dicitur* — frapper « de nombreux coups de verges, » en présence de tout le peuple réuni, et peut-être ému de voir son redouté comte si profondément s'humilier.

Mais, quand le Grand Pénitentier de la Cathédrale voulut, suivant l'usage usité à l'égard des pénitents publics, s'approcher de lui, afin de faire tomber, sous les ciseaux, et sa longue chevelure dont il était si fier, et sa belle barbe de laquelle il tirait son surnom, Godefroid, qui s'était tout-à-l'heure courbé jusqu'à terre, qui venait de plier ses épaules sous les verges, se redressa tout à coup, et refusa net de faire un tel sacrifice ?

On n'insista pas. Cependant, bon prince, il offrit de racheter, et sa belle barbe et ses cheveux, au prix d'une forte somme d'argent : ce qui fut accepté avec empressement. Nous trouvons ces détails dans la chronique de Lambert d'Aschaffembourg.

Il donna en outre deux villages aux chanoines, « petite réparation de dommages causés, — *satis* « *minora malis illalis,* » dit encore Laurent de Liège : Peuvillers dans la Meuse, et Arry-sur-Moselle, « avec droit de batellerie et de pêche, » dans ce dernier village : « *cum portu et piscaturâ.* »

Etranges caractères ! Etrange époque !

Sixième siège et blocus par l'évêque Guy de Mello, en 1246.

Nous avons dit la cause de ce siège : nous allons le raconter.

Au commencement de l'an 1246, Guy de Mello fut élu Evêque. C'était un fort bel homme, grand, jeune, vigoureux, intelligent et ayant dans toute sa personne et sa tenue l'aspect du commandement : « *et imperioso quodam modo aspectu.* »

En prenant possession de son évêché, il parla haut au peuple rassemblé. Mais ses fières paroles furent vaines.

Alors, il jeta l'interdit sur la ville, en sortit avec son clergé et se retira dans son château de Charny, à une lieue de Verdun. Puis il convoqua les feudataires de l'Evêché, demanda du secours au comte de Bar, à Gobert, sire d'Apremont, et vint mettre le siège devant Verdun.

Mais les citains firent bonne contenance derrière leurs murailles. Ils repoussèrent deux ou trois tentatives d'escalade, et finirent par lasser la patience des gens de l'évêque ; tellement que celui-ci fut forcé de lever le siège. « *obsidionem exter-* « *ritus, diû sustinere non valens.* »

Irrité de cet insuccès, Guy de Mello, en se retirant, fit brûler toute la partie Nord du faubourg d'Escance et tout le Mesnil jusqu'à Saint-Amant, « afin que « du moins par ces dégâts, il apaisât sa fureur, » ajoute la chronique de Saint-Vannes ; puis il convertit en blocus le siège qui lui avait si mal réussi.

Il possédait, à proximité de Verdun, quatre châteaux forts, qui semblaient faits exprès pour un blocus : c'étaient : au Nord, Charny ; au Nord-Est, Fleury ; à l'Est, sous les côtes, Watronville ; et au Midi, Dieue.

L'Evêque y mit ses gens qui, par leurs courses continuelles, génèrent extrêmement les Verdunois, pendant la fenaison et les moissons ; leur firent quelques prisonniers ; et empêchèrent totalement le commerce de la ville sur la Meuse dont ils étaient maîtres, au-dessus de Verdun par Dieue, et au-dessous par Charny.

Les citains, cependant, ne s'en émurent pas trop. D'abord, ils allèrent au plus pressé. Craignant de voir l'ennemi se loger encore en cas de siège, dans les cloîtres de Saint-Vannes, ils les démolirent, à la grande colère des moines ; en prirent les pierres, ainsi que celles que l'on taillait pour la nouvelle Eglise du couvent, et les employèrent à restaurer et à compléter leurs fortifications. Ils rasèrent aussi les clochers de Saint-Paul qui leur portaient ombrage, creusèrent des fossés et élevèrent des retranchements depuis Saint-Vannes jusqu'à la Meuse (1). Après cela ils songèrent à se débloquer.

Fleury était la forteresse, sinon la plus rapprochée, du moins la plus faible. Ils prirent l'offensive de ce côté ; attaquèrent le château de Fleury et le brûlèrent.

Ce succès enfla leur courage. Ils résolurent de marcher contre Charny. Mais Charny était une forte place ; Guy s'y trouvait en personne. Avec lui, s'y trouvaient aussi près de 300 chevaliers, accompagnés de leurs écuyers et varlets.

La *Commune* fit un suprême effort. Tous les citoyens valides prirent les armes : on soudoya des paysans, on enrôla des chevaliers ; on fit appel à tous les chercheurs de batailles ; on parvint à mettre sur pied une armée de *treize mille hommes* ; et on marcha sur Charny.

Mais, hélas ! dans cette armée, la qualité était loin de valoir la quantité.

(1) Déjà en 984, après le siège de Verdun, le roi Lothaire se plaignait du préjudice que Saint-Paul (la Vieille), portait à la défense de la place, Aussi les Français la rasèrent-ils en 1552.

L'Evêque laissa les Verdunois approcher de Charny ; il leur laissa même le plaisir de tenter, sur le château, une escalade inutile. Puis, au moment où leurs colonnes se retiraient un peu confusément, il fit saillir dehors ses hommes d'armes qui, tombant sur cette foule de soldats improvisés, les dispersèrent aisément, en tuèrent un grand nombre, et ramenèrent les autres, la lance et l'épée dans les reins, à travers les prés, les champs, les vignes, jusque sous les murs de Verdun.

Ce fut, pour le moment, une rude leçon donnée à nos Communaux.

Un traité fut passé entre l'Evêque et la Ville : « Paix est faicte entre nous citains, et nostre Signor « Guion... en l'an que li miliaires corroit par mil « dous cens LVI ans, la vigile de Sainc-Andreu « apostolle. » (29 novembre 1246.)

A la suite de ce siège on construisit le Petit-Rempart.

SEPTIÈME SIÈGE, par Yolande de Flandres, et Wenceslas, duc de Luxembourg, en 1338.

La cause de cette guerre et de ce siège fut le refus que fit la Ville de prendre la double *garde* de Luxembourg et Bar rétablie sur Verdun, par l'empereur Charles IV, en 1357, au profit du duc de Wenceslas, son frère, et de Robert, duc de Bar, ou plutôt de la fameuse Yolande de Flandres qui gouvernait le Barrois en qualité de régente (1).

Par hasard, là Ville était d'accord, en ces graves circonstances, avec son évêque, Hugues de Bar ; mais Bar de la branche cadette, dite Bar-Pierrefort.

Les lettres de défi furent envoyées, au mois d'avril 1358, par Wenceslas, à la ville et à l'Evêque.

Devant ces puissants ennemis, qui venaient à eux, avec les forces des deux duchés, les Verdunois et leur Évêque cherchèrent partout des secours et des alliés, surtout en Lorraine.

Le siège fut mis devant Verdun, au mois de septembre : « Et y serons-nous,' Wenceslas, « Yolens et Robert, en nos propres personnes, le « mardi VIIIe jour de septembre, à force, pour « mettre et tenir le siège devant icelle ville et cité « de Verdun, sans partir du dit siège jusqu'à ce « que nous aurons bon accord. »

Ils y furent en effet, et assaillirent la Fermeté de Verdun, ainsi que le Petit-Rempart. Mais les efforts des confédérés, vinrent échouer au pied de nos murailles, bien gardées et bien défendues par

(1) Le duc de Luxembourg était Wenceslas, frère de l'empereur Charles IV. L'un et l'autre étaient les fils de Jean l'Aveugle, roi de Bohême, tué dans les rangs de l'armée française, à la bataille de Crécy, en 1346.

(2) La branche aînée de Bar venait tout récemment de se *titrer ducale*, et de parler officiellement « de la duchi « de Bar. »

les gens de la Ville et de l'Evêché.

Pendant ce temps, Henri de Pierrefort, frère de l'évêque Hugues, faisait des incursions sur le Clermontois et les terres Barrisiennes.

Alors, dans un conseil de guerre tenu « en l'ost, « entre Verdun et Charnei, le mardi, second jour « d'octobre, l'an 1358, en la tente de noble, haute « et puissante princesse madame la comtesse de « Bar, dame de Cassel, » il fut résolu d'abandonner le siège de Verdun ; de laisser devant la place assez de troupes pour empêcher les bourgeois d'en sortir, et de « traire » le duc de Luxembourg, devant la forteresse de Mangiennes, et le duc de Bar, devant celle de Sampigny, qui appartenaient toutes deux à l'Evêché.

Les deux forteresses furent prises : Sampigny après une résistance héroïque. Puis les confédérés revinrent mettre le siège devant Verdun.

Ce siège inutile dura encore quelques semaines ; après quoi, les Luxembourgeois, et les Barrisiens, aussi bien que les Verdunois, fatigués et lassés, firent ensemble paix et accord, chacun payant plus ou moins, une part des frais de guerre, (1359)

Ce fut à la suite de ce siège, que le Grand-Rempart fut construit.

HUITIÈME ATTAQUE de Verdun par les Huguenots.

Verdun était depuis 1552 réuni à la France ; par conséquent, il subissait le contre-coup de tous les événements qui remuaient ce pays. Les guerres de Religion y avaient commencé vers 1560.

D'Andelot, frère de l'amiral de Coligny, était allé chercher sur les bords du Rhin, quelques milliers de Reitres et de Lansquenets, et les ramenait au secours de l'amiral assiégé dans Orléans. Il devait passer aux environs de Verdun.

A la nouvelle de son approche, les gentilshommes, appartenant à la *Religion réformée*, qui habitaient les marches de la Champagne et des Ardennes, ainsi que le pays Verdunois, se concertèrent entre eux, et résolurent de s'emparer de Verdun, afin d'aider au retour de d'Andelot.

C'est pourquoi, un coup de main sur la place fut résolu, pour la nuit du 2 au 3 septembre 1562.

Les conjurés espéraient réussir; ils avaient quelques intelligences dans la place : plusieurs officiers et soldats de la garnison étaient gagnés. Parmi ceux-ci devaient être choisies les sentinelles qui seraient aux remparts, et les postes qui seraient aux portes.

Nicolas Psaulme, qui fut l'un de nos évêques les plus illustres, découvrit le complot, et connut le jour et le lieu de son exécution, par une lettre écrite à un officier calviniste, qui fut interceptée.

Depuis l'occupation française, l'Évêque, nous l'avons dit, avait vu, pour quelque temps du moins, grandir son autorité aux dépens de celle des bourgeois, à la suite d'une nouvelle constitution donnée aux Verdunois. Sur l'ordre de Nicolas Psaulme, on rendit aux bourgeois, les armes qui leur avaient été retirées à l'entrée de Henri II ; ils savaient encore s'en servir ! Sur son ordre aussi, la nuit venue, on remplaça, par d'autres plus sûrs, les officiers et soldats suspects qui étaient de garde, puis, l'on attendit.

De leur côté, au jour dit, les conjurés quittèrent les châteaux et les villages où ils s'étaient réunis secrètement ; et, profitant des ombres de la nuit, s'acheminèrent, de vingt endroits différents, par petits pelotons, vers le lieu du rendez-vous, aux alentours de Verdun.

Ils étaient bien 2.000, commandés par M. de Béthume.

La tête de la colonne, qui devait escalader le rempart, était munie, non seulement d'échelles, mais de haches et de leviers pour enfoncer, de l'intérieur, les portes, et les ouvrir au reste de la troupe restée dehors.

Une obscurité profonde et un silence absolu favorisaient l'entreprise. Tout semblait dormir, et la nature dans les champs, et les hommes dans la Cité.

Arrivés aux pieds des murailles, les soldats appliquent leurs échelles, et montent... Ils n'étaient point encore parvenus au sommet, que cent bras se lèvent, repoussent les échelles, les renversent dans le fossé, et y précipitent ceux qui se trouvaient dessus.

Au même instant, le reste des bourgeois, et quelques hommes de la garnison, exécutent une sortie et achèvent, à coups « d'arquebuzades, » la déroute des assaillants. On fit un gros butin et quelques prisonniers, et l'on s'empara « des échelles et autres machines » qu'ils avaient apportées.

Il est étrange qu'on ignore le point de l'attaque.

Se fit-elle du côté de Saint-Vannes, point le plus facile à aborder ? Se fit-elle sur le front de Saint-Victor qui était loin d'être fortifié comme il l'est aujourd'hui ? On ne le sait point.

La vénération populaire dont est l'objet la statue de la Vierge, alors sur la porte Saint-Victor et aujourd'hui dans l'église de ce nom, à laquelle on attribue un rôle miraculeux pendant cette nuit qui aurait pu nous être fatale, cette vénération, dis-je, semble indiquer que le point attaqué fut Saint-Victor. C'est l'opinion de Roussel qui écrivait l'histoire de Verdun, 180 ans après l'évènement.

Mais, d'un autre côté, pourquoi la procession solennelle, ordonnée l'année suivante par Nicolas Psaulme, se rendit-elle tout d'abord de la cathédrale à Saint-Vannes, si ce n'est pour remercier Dieu sur le terrain même de la victoire ? Cette procession du 3 septembre ne se fait à Saint-Victor que depuis la grande Révolution.

Du reste, cent quatre-vingt-quinze ans après l'évènement, on voyait encore à Saint-Vannes, au témoignage de dom Cajot, les échelles des

Huguenots, qui servaient de rateliers aux écuries du couvent.

NEUVIÈME SIÈGE et bombardement de Verdun, par les Prussiens, en 1792.

La Révolution française commençait à se faire menaçante pour l'Europe monarchique.

Cinquante mille Prussiens, commandés par le Roi, mais en réalité sous les ordres du duc de Brunswick, envahirent la France, prirent Longwy, et marchèrent sur Verdun.

Verdun n'était pas tenable. Sur ces remparts délabrés, 32 pièces de canon de tous calibres montées sur des affûts vieux et usés, quand il en aurait fallu au moins 120 ! Et pour servir ces 32 pièces, 44 artilleurs !

Il est vrai, pour ce pauvre matériel, les munitions étaient considérables. La garnison, à laquelle était venue se joindre celle de Longwy, était de 4,500 hommes, appartenant, au dépôt du 92e de ligne, et à ceux du 2e dragons et du 9e chasseurs, et à 5 bataillons de volontaires de divers départements. Place et garnison étaient commandées par Beaurepaire, lieutenant-colonel du bataillon de Mayenne-et-Loire.

Les Prussiens arrivèrent en vue de la place le 29 au soir, après avoir replié les postes qui occupaient les villages d'Ornes, Damloup, Eix et Abaucourt. Et, le 30 au matin, ils couronnèrent autour de Verdun les hauteurs de Belleville, de Belrupt et la côte Saint-Barthélemy.

Le même jour, vers six heures du soir, la garnison effectuait une sortie du côté de l'ancienne route de Paris, afin d'aller au devant du général Galbaud qui venait au secours de la place, avec 1500 hommes détachés de l'armée de Dumouriez. Mais la sortie fut repoussée et le général ne put passer.

Le 31, à 9 heures du matin, un parlementaire ennemi vint sommer Verdun de se rendre. La réponse du Conseil de défense, *composé exclusivement de militaires* et présidé par Beaurepaire, fut telle qu'on devait s'y attendre : un refus net. Puis toute la journée, notre pauvre artillerie, voulant sans doute faire croire à l'ennemi qu'elle était formidable, ouvrit, sur diverses positions, un feu auquel il ne répondit pas, et qui du reste ne lui fit aucun mal.

Mais à 11 heures du soir, ce fut au tour des Prussiens de faire parler les canons.

Jusque vers les midi du lendemain 1er septembre, un effroyable bombardement couvrit la ville de bombes et de boulets ; détruisit ou incendia plusieurs maisons, et en endommagea un plus grand nombre. Ce feu ne fut pas meurtrier ; un seul homme, M. Gillon, député de la Meuse, fut blessé mortellement ; mais les habitants en furent effrayés.

A 3 heures, un nouveau parlementaire se présenta.

Il venait offrir une capitulation honorable, et proposer, en attendant, une suspension d'armes de 24 heures.

Le Conseil de défense accepta la suspension d'armes, et demanda quelques heures pour délibérer sur la capitulation.

Il délibéra aussitôt. Beaurepaire, et celui qui fut plus tard l'illustre général Marceau, refusèrent de capituler : *tous* les autres y consentirent. La réponse devait être au quartier général prussien, le lendemain, 2 septembre, pour 3 heures de l'après-midi, heure à laquelle cessait la suspension d'armes.

Il était près de sept heures du soir quand le Conseil de défense se sépara.

Alors, le désespoir dans l'âme, et sentant que toute la responsabilité de la capitulation de Verdun retombait sur lui, Beaurepaire résolut de mourir. Il donna quelques heures à ses affaires particulières, mit en règle celles de la place et visita les postes de la garnison. Puis, vers deux heures du matin, de retour à l'Hôtel-de-Ville où il demeurait depuis la guerre, il monta dans sa chambre, qui se trouvait au premier sur la rue, dans le pavillon de gauche en entrant dans la cour, et se brûla la cervelle.

M. de Neyon, lieutenant-colonel du 2ᵉ bataillon des volontaires de la Meuse, le remplaça dans le commandement de la place, et signa la capitulation telle que la demandaient les Prussiens.

La garnison sortit avec armes et bagages, emmenant le corps de Beaurepaire qui fut inhumé à Sainte-Ménehould le jour même, 2 septembre.

Le 14 octobre, 24 jours après Valmy, les Prussiens vaincus, évacuaient Verdun.

Deux ouvrages, qui eurent leur célébrité dans les premières années de ce siècle, parlent de Verdun, en ces terribles circonstances : un roman et une histoire.

Mme de Staël place le dénouement de *Delphine* sous les murs de Verdun, où elle fait blesser à mort son héros, dans les rangs de l'armée prussienne.

Chateaubriand raconte qu'au sortir de Verdun, après le retour des Français, en fuyant avec un escadron d'émigrés, il reçut une balle qui s'arrêta dans les feuilles manuscrites d'*Atala*, qu'il portait sur lui, et qu'ainsi *Atala sauva la vie à son père*.

Dixième siège et bombardement de Verdun par les Allemands, en 1870.

Nous ne dirons que peu de mots sur ce dernier siège, qu'ailleurs nous avons raconté en détail (1).

Nous avions sur nos remparts, en ville et à la citadelle, 21 obusiers, 21 mortiers et 96 pièces de canon, en tout 137 pièces d'artillerie, parfaitement approvisionnées, mais la plupart servies par des

---

(1) *Journal du blocus et du bombardement de Verdun, pendant la guerre de 1870* — par l'abbé GABRIEL. — Un volume in-8°.

artilleurs de la mobile et de la garde nationale. Notre garnison était composée d'à-peu-près 3,500 hommes, dont 1400 gardes nationaux, 1800 mobiles et 1000 soldats de la ligne, infanterie, cavalerie, artillerie et génie. Le général Guérin de Waldersbach commandait la place qui était pourvue de vivres abondants.

Premier bombardement.

Le 24 août, une aile de l'armée Saxonne, forte de 15,000 hommes, avec 50 pièces de canon, pensait prendre Verdun en passant. Elle nous attaqua vers neuf heures du matin. Après deux heures de bombardement, un parlementaire ennemi vint sommer le général Guérin de se rendre. Refus énergique. Reprise du bombardement et départ des Saxons vers 3 heures.

Ils nous avaient envoyé un millier d'obus. Nous avions eu 60 maisons plus ou moins endommagées; cinq gardes nationaux, un soldat de la ligne, et un mobile tués sur les remparts ; un homme et une femme, dans les maisons ; une femme et un vieillard dans les rues.

Les Saxons, dont les masses étaient répandues dans la plaine à l'Est de Verdun, perdirent 250 à 300 hommes.

On fit, le même jour, sauter les maisons du faubourg Pavé, qui étaient les plus rapprochées des fortifications.

Après le 2 septembre, la garnison fut augmentée

de 2,500 échappés de Sedan. Mais les Allemands organisèrent et resserrèrent le blocus de la place. On fit, malgré cela, des sorties sur Bras, sur Viller-les-Moines, et sur Baleicourt.

Deuxième bombardement.

Le 26 septembre, à 6 heures du matin, six pièces à Blamont ouvrirent le feu sur la citadelle ; deux pièces aux *Trois-Piliers*, sur Saint-Victor ; et deux pièces à la *Fontaine du roi de Prusse*, derrière la côte Saint-Michel, sur la partie Nord-Est de la Ville.

Ce bombardement, auquel répondit vigoureusement le canon de la place, dura cinq heures, fit quelques dommages, surtout à la citadelle ; nous tua 4 soldats dont un capitaine du génie, M. Dehaye, et en blessa 5 ou 6 autres.

Le 2 octobre, violent combat sur la côte Saint-Michel, puis jusqu'au bois Lecourtier, non loin de Bras. Les Allemands se retirent à Bras.

Nous eûmes, dans ce combat, 5 hommes tués, et une dizaine de blessés. Les Allemands, outre leur camp qui fut brûlé, perdirent 60 à 80 hommes.

Le 11 octobre, à 9 heures du soir, l'ennemi s'empare de Regret, Thierville et Belleville, et en chasse nos soldats et nos mobiles qui rentrent en ville un peu trop vite, après avoir perdu quelques hommes.

Le 12, il nous resserre encore d'avantage, et vient occuper, pendant la nuit, Glorieux et Jardin-

Fontaine. Il occupe aussi le faubourg Pavé. Nous sommes littéralement enfermés dans l'enceinte de nos remparts.

Troisième bombardement, du 13, 14 et 15 octobre.

Les Allemands avaient fait d'immenses préparatifs. Ils étaient allés chercher des canons à Toul et à Sedan ; ou plutôt, ils avaient forcé les cultivateurs des campagnes à les leur amener. Cinquante pièces de canon et 10 mortiers, formant 14 batteries, avec épaulements, talus et blindage, étaient réparties sur les hauteurs de Saint-Michel et de Saint-Barthélemy, aux Heyvaux et à Glorieux, c'est-à-dire formaient un demi-cercle autour de Verdun du Nord-Est à l'Ouest et au Midi.

Le 13, à 6 heures du matin, le feu commença sur toute la ligne. Nos canons répondirent immédiatement. Ce fut comme un roulement de tonnerre qui dura cinquante heures presque sans discontinuer ! Ceux qui ont vu ce terrible bombardement ne l'oublieront jamais !

Nos artilleurs firent sauter aux Allemands un magasin à poudre, leur démontèrent, de leur propre aveu, 6 à 8 pièces ; leur tuèrent 150 à 160 hommes, dont 5 ou 6 officiers et en blessèrent bien d'avantage (1).

Nous avons eu 25 soldats tués, et deux femmes. Parmi les tués, le lieutenant Daudignac, dont le nom fut donné au bastion de la citadelle où il trouva la mort ; plus de 58 blessés.

(1) D'après les journaux allemands que j'ai en mains.

Les dégâts matériels furent immenses. Presque toutes les maisons furent touchées ; un grand nombre démolies ; 30 ou 40 incendies allumés par les bombes, quelques-uns à la citadelle, presque tous en ville. Sur la ville et sur la citadelle, les Allemands avaient lancé, au dire de nos officiers, de 20 à 25,000 obus, bombes et boulets !

Mais, le sentiment du devoir accompli et des dangers courus rendait presque gaies notre vaillante population et notre garnison, en contemplant ces ruines !

Nuit du 19 au 20 octobre: premier enclouage des canons allemands.

Une sortie fut exécutée à minuit, sur la batterie des Heyvaux. On encloua 12 pièces ; on tua et blessa 25 ou 30 allemands ; et à 2 heures et demie du matin, nos hommes rentraient en ville rapportant deux de leurs camarades tués, et ramenant six blessés.

Matinée du 28 octobre : second enclouage des canons allemands.

A 5 heures du matin, deux colonnes fortes de 1000 à 1100 hommes chacune, composées de lignards, de zouaves, de turcos, de soldats de la marine, de sapeurs du génie, d'artilleurs, de cavalerie, de mobiles et de volontaires verdunois, --- nous avions des soldats de toutes armes depuis Sedan, --- deux fortes colonnes, dis-je, sortirent, l'une, par la porte de la Chaussée, sur Belleville et la côte Saint-Michel, l'autre, par la porte de France, sur Thierville, les Heyvaux, et la ferme Pierron à la côte Saint-Barthélemy.

L'attaque sur Belleville et la côte Saint-Michel réussit pleinement. La colonne française, partagée en deux fractions, se trouva en même temps au sommet de la côte et à l'entrée du village qui est en bas. Sur la côte, on chasse, après quelque résistance, les postes Allemands, qui gardaient les batteries que l'on envahit aussitôt ; mais on n'y trouve qu'une pièce de 24 que l'on encloue ; les autres pièces avaient été ramenées à Bras, quelques jours auparavant.

Les Allemands se retirent en combattant, dans la direction de Bras, et bientôt ils sont rejoints par leurs postes de Belleville, fuyant devant l'autre fraction de la colonne française. Ils se concentrent alors dans le bois Lecourtier. Nos soldats, devant les renforts considérables qui arrivent à l'ennemi, de tous les villages voisins, cessent leur poursuite, et rentrent en ville vers 9 heures, ramenant une dizaine de prisonniers. Nous avions eu deux hommes, ou plutôt deux enfants tués : Félix Lécrivain et Ferdinand Lamarre, des cadets et des carabiniers Verdunois ; plus 6 blessés.

Sur la rive gauche de la Meuse, l'attaque prit des proportions plus grandes.

A Thierville, où nous avions des canons, de la

cavalerie et de l'infanterie, elle fut très maladroitement conduite, et nous causa une perte d'hommes considérable. Pourtant, elle eut un résultat : elle maintint les Prussiens au village, pendant l'attaque des Heyvaux, ou Fins de Thierville.

Aux Heyvaux, les Allemands, après une vigoureuse résistance, furent chassés de leurs batteries, et poursuivis assez loin. Pendant ce temps, les sapeurs du génie et les artilleurs enclouèrent les pièces, firent sauter les caissons, démolirent les affûts et les roues à coups de hache, bouleversèrent les épaulements et les embrasures à coups de pioches, brûlèrent ou déchirèrent les fascinages ; et enfin ne se retirèrent que quand il n'y eut plus rien à détruire.

Mais, sur la côte Saint-Barthélemy, à l'attaque de la maison Pierron, nous eûmes un insuccès qui nous coûta un enfant de Verdun, le sous-lieutenant Albert Phélix, âgé de 21 ans.

A 8 heures et demie du matin, nos troupes rentraient dans la place, ramenant une quarantaine de prisonniers allemands, parmi lesquels 5 ou 6 blessés.

Nous avions eu à la maison Pierron, aux Heyvaux, et surtout à Thierville, 23 tués et 51 blessés; et les Allemands environ 180 hommes hors de combat.

Ce fut notre dernière affaire. Metz venait de

capituler. Les Allemands voulaient prendre Verdun à tout prix. Cent cinquante pièces de canon devaient écraser la ville.

Verdun pouvait se faire détruire, mais sans résultat. Nous avions assez fait pour notre gloire et pour la France.

La capitulation fut signée le mardi, 8 novembre, au matin.

La garnison était prisonnière de guerre.

Mais nous conservions tous nos canons, toutes nos armes, toutes nos poudres et toutes nos munitions de guerre (1).

Revenant presque fugitif de l'armée de Metz, l'empereur Napoléon III, à son passage à Verdun le 16 août 1870, s'étonna, dit-on, de ne pas voir de fort sur la côte Saint-Michel.

Ce que l'Empire avait crû inutile, la République l'a fait.

A la suite de la guerre malheureuse qui nous enleva Metz, notre Ville est devenue frontière.

A la suite aussi du siège que nous venons de raconter, il est prouvé qu'elle ne peut plus tenir contre l'ennemi armé de toute la puissance dont

(1) Les quatre pièces de canon, qui sont aujourd'hui dans la cour de l'Hôtel-de-Ville et qui étaient alors sur nos remparts, ont été demandées et obtenues du maréchal de Mac-Mahon, alors Président de la République, *sur l'initiative et sur la demande* de *l'Auteur* de la présente brochure.

on dispose actuellement pour l'attaque des places. Par conséquent on a dû la mettre à même de résister désormais à toute action offensive de sa part.

C'est pourquoi, non seulement un fort a été construit sur la côte Saint-Michel; mais un double cercle de forts entourent Verdun, et en font le boulevard presqu'inexpugnable de la France, du côté de l'Allemagne

Ces forts, commencés en 1874, sont les suivants :

Sur la rive droite de la Meuse :

1° BELLEVILLE, à 3 kilomètres au Nord de Verdun, sur la côte Saint-Michel, à l'emplacement des batteries prussiennes de 1870, ayant pour annexe la *batterie de Montgrignon*, sur sa droite, à l'Ouest, presqu'au bord de la Meuse.

2° SAINT-MICHEL, à 2 kilomètres au plus du fort de Belleville, sur la même hauteur, mais plus à l'Est.

3° DOUAUMONT (Devaumont comme disent les gens du pays, *divus-mons*,) encore en construction, sera le plus grand de nos forts. Il sera mis, pour la défense, à la hauteur des progrès qu'à faits l'art de la destruction des places fortes. Il est situé beaucoup en avant de Belleville et de Saint-Michel, au Nord de ces forts et de Verdun, duquel il est éloigné de près de 10 kilomètres. Placé sur le sommet le plus élevé d'une haute montagne, séparé de la côte

Saint-Michel par une large vallée, il domine au loin tout le pays d'alentour.

4° VAUX, comme Douaumont, espèce de sentinelle avancée au Nord-Est de Verdun et à 8 kilomètres de cette place. Il commande la plaine de la Woëvre dans la direction de Damvillers.

5° SOUVILLE, en avant de Vaux, plus rapproché de Verdun dont il n'est distant que de 5 kilomètres. Ce fort est pour ainsi dire au milieu des bois, et se relie avec Tavannes par les *batteries* de *l'Hôpital* et du *Tunnel*.

6° TAVANNES (1) à 6 kilomètres et à l'Est de Verdun, dans les bois, sur le côté gauche de la route de Verdun à Metz par Etain ; presqu'au dessus du tunnel du chemin de fer; commande la plaine de la Woëvre dans la direction d'Etain. En avant de ce fort, sont les *batteries* de *Bourvaux* et de *Damloup* qui le relient à gauche avec Vaux, et celles de *Mardi-Gras* et d'*Eix* qui relient sa droite avec Moulainville.

7° MOULAINVILLE également à l'Est de Verdun et à 8 kilomètres de cette place. Il bat également la plaine de Woëvre. En avant, sont, à gauche la *batterie* aussi appelée de *Moulainville*, et à droite

---

(1) Le maréchal de Saulx-Tavannes fut le premier Gouverneur militaire de Verdun pour la France, de 1552 à 1554, a donné son nom à la forêt ou est construit le fort, et à une fontaine qui coule dans un vallon au pied du fort.

Les Gouverneurs militaires ont été rétablis en 1881.

celle du *Moulin* qui croise ses feux avec le Rozelier.

8° Rozelier, grand fort vers le Sud-Est et à 10 kilomètres de Verdun : dans les bois, à gauche de la route de Verdun-Metz par Manheulles; commande la Woëvre dans la direction de Manheulles et de Fresnes.

9° Belrupt, sur les derrières du Rozelier, mais beaucoup plus rapproché de Verdun dont il n'est distant que de 3 kilomètres, forme, sur les hauteurs voisines de cette place, comme un demi-cercle avec les forts de Belleville et de Saint-Michel. Ces trois forts ont été rapidement construits en 1874-75, pendant les bruits de guerre. Aussi, on les a appelés les *forts de la panique*.

Haudainville au midi de Verdun et à 7 kilomètres de cette place, commande la vallée de la Meuse et la route de Verdun à Saint-Mihiel sur la gauche de laquelle il est situé. Il est relié au fort du Rozelier par la *batterie* de *Saint-Symphorien* ; et il a près de la prairie de la Meuse une autre *batterie*, celle de l'*Ollier*. Il croise ses feux avec le fort de Dugny.

Forts sur la rive gauche de la Meuse:

11° Dugny, également au sud de Verdun et à 7 kilomètres de cette place ; sur des hauteurs dénudées, près du village de ce nom ; peut battre la vallée de la Meuse dans le sens de la longueur, et joindre ses feux à ceux du fort de *Genicourt*, fort détaché, sur la Meuse.

12° LANDRECOURT, un peu plus au Sud-Ouest que Dugny, et à 8 kilomètres de Verdun ; commande parfaitement tous les pays environnants jusque vers Souilly.

13° REGRET à l'Ouest de Verdun et à 5 kilomètres, sur la côte qui, aux approches de Verdun, s'appelle Saint-Barthélemy. et au-dessus du village de Regret ; bat la nouvelle route de Verdun à Paris, sur la gauche de laquelle il se trouve. Il a une *batterie* détachée, sur sa gauche, appelée la *Folie*.

LA CHAUME, sur la droite de l'ancienne route de Paris, à l'endroit où était l'ancien télégraphe ; à l'Ouest et à 5 kilomètres de Verdun. Entre ce fort et celui de Marre, se trouvent, en allant vers le Nord, les *batteries* des *Sartelles*, de *Chana*, de *Choisel* et du *Bois-Bourru*.

15° MARRE, au Nord Ouest de Verdun à 5 kilomètres de cette place, sur une magnifique hauteur qui commande le pays dans la direction de Varennes, et la vallée de la Meuse jusque vers Consenvoye. Par lui-même et par les *batteries* de la *Belle-Epine* et de *Charny*, il croise ses feux avec Douaumont, Montgrignon et Belleville... notre point de départ.

Tous ces forts sont reliés entre eux par des routes militaires : ils le seront bientôt par un chemin de fer.

Ainsi les alentours de Verdun sont hérissés de forts. Si on nous assiège, nous nous défendrons. Si on nous bloque, avec les 25 villages enfermés dans le périmètre de nos forts, nous pouvons soutenir un blocus qui pourra durer au moins dix ans, comme celui de Troie !

Noms nouveaux donnés aux forts et batteries par l'administration de la guerre :

Fort de Belleville, fort *Chevert* ; Saint Michel, fort *Rouyer* ; Douaumont, fort *Gérard* ; Vaux, fort *Dillon* ; Souville, fort *Lemoine* ; Tavannes, fort *Mouton* ; Moulainville, fort *Feuquières* ; Rozelier, fort *Marguerille* ; Belrupt, fort *Corda* ; Haudainville, fort *Curély* ; Dugny, fort *Barrois* ; Landrecourt, fort *Jamin* ; Regret, fort *Muller* ; La Chaume, fort *Bellavène* ; Marre, fort *Marceau*.

Batterie de Montgrignon, batterie *Cormontaigne* ; de l'Hôpital, *Bardet* ; du Tunnel, *Taponier* ; Bourvaux, *Lebon-Desmottes* ; Damloup, *Dufour* ; Mardi-Gras, *Découz* ; d'Eix, *Bonnard* ; Moulainville, *Dornier* ; du Moulin... ; Saint-Symphorien... ; de l'Ollier... ; de la Folie, *Ficatier* ; les Sartelles, *Rozières* ; Chana, *Pierquin* ; Choisel, *Manègue* ; Bois-Bourru, *Molitor* ; la Belle-Epine, *Brayer* ; Charny... point de nom nouveau, pas plus qu'à celles du Moulin, Saint-Symphorien, et l'Ollier.

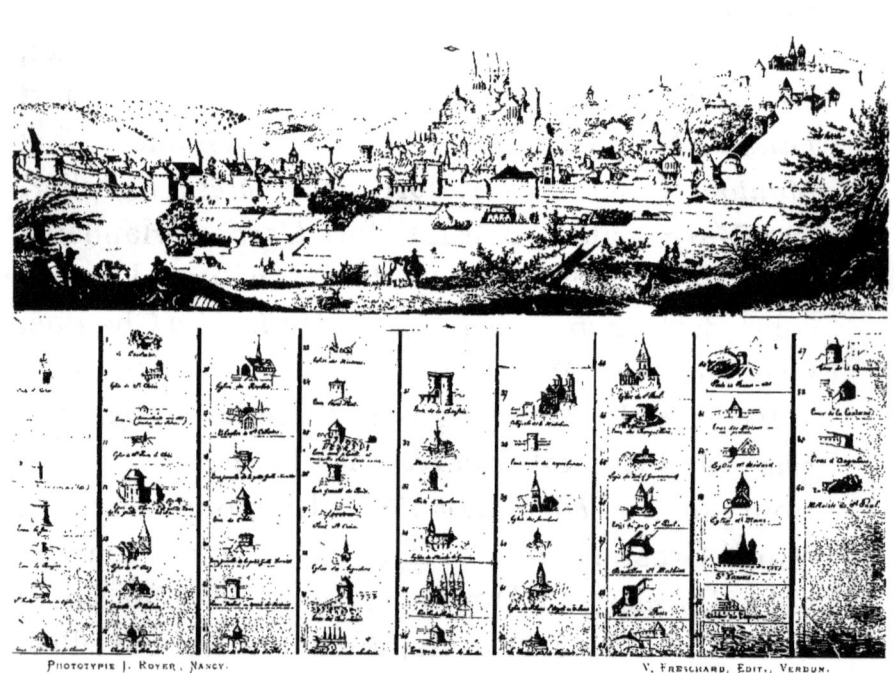

VUE PERSPECTIVE DE VERDUN, (EN 1591)

IV

ABBAYES & MAISONS RELIGIEUSES

On ne connaîtrait que fort imparfaitement l'histoire du vieux Verdun, si l'on ignorait celle de ses anciennes abbayes et maisons religieuses.

De quelques-unes, les ruines sont encore debout, et attestent leur splendeur. Les autres n'ont laissé, pour souvenirs, que leurs noms donnés et conservés aux rues qu'elles avoisinaient. Mais toutes ont joué un rôle, plus ou moins important, dans notre histoire locale.

———

Saint-Vannes.

Avant d'entrer dans *Virodunum*, dit la légende, *Sanctinus*, premier apôtre des Verdunois et premier évêque de Verdun, se mit à genoux, demandant à Dieu de bénir son apostolat. Lorsqu'il se releva, deux tourterelles s'échappant, d'un bois sacré qui était proche, le guidèrent vers la ville (1).

---

(1) *Saintin* vint du pays de Meaux, prêcher l'Evangile dans nos contrées, vers le IV⁰ siècle.
En 346, il adhéra à un Concile tenu à Cologne, auquel il ne put assister « *consentientibus et mandantibus.... Sanctino Articlaoorum, Victore Mediomatricorum...* »
On sait que *Clavi*, ou *Articlavi* les Claves, était le nom de la peuplade dont *Virodunum* était le chef-lieu.
Les actes du Concile de Cologne ont été rédigés à la fin du VI⁰ siècle.
Le souvenir du bois sacré, près duquel Saint Saintin s'agenouilla, est peut-être conservé dans le nom de Champ des Gentils, donné à une petite contrée de la côte Saint-Barthélemy.

Là où Saint-Saintin se mit à genoux, il éleva lui-même le premier oratoire chrétien qui fut sur notre sol, en l'honneur des saints apôtres Pierre et Paul.

Ce pauvre oratoire fut notre primitive cathédrale. Quant à Saint-Saintin, il mourut à Meaux où il était retourné sur la fin de sa vie.

Lorsque Saint-Pulchrône, cinquième évêque de Verdun, fit bâtir, dans le *Castrum*, une nouvelle cathédrale, le peuple alla toujours prier dans l'ancienne où on laissa des prêtres pour y faire le service religieux. Ce fut aussi le lieu de sépulture de quelques-uns de nos évêques.

Enfin, en 952, l'évêque Bérenger fonda sur cette vénérable ruine le premier monastère de Verdun. On lui donna le nom de Saint-Vannes, en latin *Vidennus* ou *Vitonus*, l'un de nos évêques les plus populaires qui y avait été inhumé (1).

L'abbaye de Saint-Vannes, placée sous la règle de Saint-Benoit, était la plus riche de Verdun. Elle

---

(1) *Saint-Vannes*, 8e évêque de Verdun, avait été présenté par Clovis lui-même aux suffrages du peuple et du clergé, lorsque ce prince s'empara de Verdun.

On suppose que son épiscopat dura au moins 25 ans.

Il est surtout célèbre par la légende du *Dragon* qu'il détruisit ; légende répétée à Metz, à Rouen, à Tarascon et dans plusieurs autres villes.

Ce *Dragon* malfaisant, exterminé par Saint-Vannes, est l'emblème de la fin de l'idolâtrie dans le pays Verdunois, dans le *Pagus Virdunensis*.

Le mot *païen*, en latin *Paganus*, vient de ce que les derniers adorateurs des idoles, des faux dieux, furent des gens du *Pagus* ou habitants des campagnes.

fut aussi la plus illustre. Vers l'an 1024, l'empereur Saint Henry, venant à Verdun, s'y voulut faire moine : ce fut le B. abbé Richard qui l'en détourna. D'autres princes de moindre importance que Henry II, y prirent aussi l'habit religieux.

En 1049, elle chercha à se faire décharger, par le pape Saint Léon IX, de l'entretien d'une partie des remparts de la Fermeté. « *pittura muri Civitatis*, » pour lequel elle percevait des droits sur l'entrée des marchandises aux portes de Châtel et de Rue : ces droits s'appelaient la *telonium*, le *tonneu*. L'évêque Thierry-le-Grand s'y opposa, et maintint la charge, conséquence des bénéfices (1).

Nous avons dit les essais de fortifications qui furent faits à diverses époques autour de Saint-Vannes. Mais l'abbé Canon, plus clairvoyant que ses moines, mit, vers 1120, le couvent à l'abri des insultes, en l'entourant d'une bonne muraille : nous l'avons dit aussi.

Vers 1200, l'abbé Louis, frère de l'évêque Albert de Hirgis, commença à Saint-Vannes la construction d'une église tellement vaste, qu'elle resta ina-

(1) Des droits analogues avec pareille obligation « de « la pourture à la Fermeté de Verdun selon l'ancienne coustume, » avaient été accordés, par nos évêques, non seulement à quelques abbayes de Verdun, mais encore à des abbayes étrangères comme Saint-Mihiel et Beaulieu.

chevée. Les Citains essayèrent même de la démolir pendant le siège de 1246.

Vers 1430, l'abbé Etienne Bourgeois en recommença une autre, dans le style gothique flamboyant, et ne conserva de l'ancienne que le portail et les deux tours romanes. Celle-ci, auprès de l'autre, parut petite à ses contemporains. La construction en dura presque cent ans.

En 1552, lors du siège de Metz par Charles-Quint, les Français en découronnèrent les deux tours, pour y mettre des canons.

En 1625, lors de la construction de la citadelle, l'Eglise et l'Abbaye furent menacées. Marillac eut l'intention de renverser l'Eglise et de transporter l'Abbaye à la Magdeleine, afin de se servir des bâtiments. Sa chute les sauva.

On reprit plus tard ces projets de destruction, mais, Louis XIV étant venu à Verdun, en 1687, visita Saint-Vannes, vit l'Eglise, la trouva belle, et défendit qu'on y touchât.

A la Révolution, les moines furent chassés; et toutes les dépendances du monastère furent remises aux mains de l'administration militaire. L'Eglise fut convertie en magasin, et les cellules et le cloître des religieux changés en casernes. Ils servirent de casernes jusqu'en 1870, époque à laquelle ils furent incendiés par les bombes et les obus prussiens.

On doit surtout regretter le cloître, moins beau que celui de la Cathédrale, mais plus ancien dans certaines de ses parties ; quelques arcades surtout en étaient très curieuses.

L'Eglise resta debout jusque vers 1830. Mais, depuis longtemps abandonnée, elle offrait le spectacle d'une ruine, avec sa toiture béante, ses voûtes effondrées, et ses vitres brisées. Cependant, on pouvait encore la sauver, soit en la classant comme *monument historique*, soit de toute autre manière. Le Génie lui-même fit des efforts pour cela : lorsqu'en 1832, ordre vint de Paris de la démolir ! Et cette majestueuse basilique, le seul beau monument qui nous restât des siècles passés, disparut de notre sol !

Pourtant un débri a échappé à la pioche des démolisseurs ; et aujourd'hui on le conserve avec soin : c'est une des deux tours romanes de l'abbé Louis. Toute décapitée qu'elle soit, elle domine encore la citadelle et les environs.

Non loin de cette tour, une vaste salle qui s'appelait autrefois l'*Aumônerie* ou l'*Hospitalité* de Saint-Vannes, est aussi conservée. Deux rangées de colonnes, basses et peu remarquables, en supportent la voûte. Entre chaque colonne, on plaçait autrefois les lits des malades et des infirmes auxquels le monastère faisait la charité. Depuis Marillac, cette salle a été affectée à des usages militaires. Aujourd'hui, elle sert, je crois, de magasin pour l'artillerie.

SAINT-PAUL.

La très riche et très remarquable abbaye de Saint-Paul fut fondée, de 970 à 973, par l'évêque Vicfrid, hors de la Fermeté, dans l'angle formé par la Meuse et par la Scance son affluent, sur la gauche du fleuve et du ruisseau. Par conséquent, elle occupait le terrain consacré aujourd'hui aux remparts, aux fossés et aux glacis qui se trouvent entre le chemin de la gare et la Meuse.

Elle fut construite sur l'emplacement d'une antique chapelle autrefois bâtie par l'évêque Saint Paul, et où reposait, depuis l'an 648, son corps vénéré par le peuple Verdunois.

On dit que, dans les siècles suivants, cette chapelle tombant en ruines, les moines de Tholey (1), où saint Paul avait été religieux, s'en vinrent à Verdun, et enlevèrent secrètement ses précieuses reliques. Comme ils s'en retournaient, cachant soigneusement le fruit de leur pieux larcin, une force invisible les arrêta en chemin, à quelque distance de Verdun, près d'un bois qu'on appelle encore aujourd'hui Paul-Croix, en souvenir de ce miracle.

(1) *Tholey*, abbaye Tréviroise donnée en 634, par le riche diacre Adalgise, qui en était fondateur, à l'Eglise de Verdun, en considération de Paul évêque, son ami.

Cette abbaye resta, jusqu'au temps de Charlemagne, la haute école ecclésiastique du clergé verdunois, et une pépinière d'évêques, de saints et de savants.

Ce miracle, et beaucoup d'autres, firent donner à la nouvelle abbaye le nom du saint qui avait voulu rester dans nos murs. Au nom de Saint Paul évêque, on joignit celui de Saint Paul apôtre.

Les premiers moines de Saint-Paul furent des Bénédictins. Mais en 1135, l'évêque Alberon de Chiny les remplaça par les Prémontrés, ou moines blancs.

En 1246, les tours de l'Eglise qui était proche de la Ville furent abattues par les Citains de Verdun, pendant la guerre contre l'évêque Guy de Mello. Ils préludaient à l'œuvre de destruction de Tavannes.

Ce fut peut-être cette démolition des tours de Saint-Paul qui décida l'abbé Gérard à construire une nouvelle Eglise.

La première pierre en fut posée le 25 mai 1249, le jour même où Saint Louis entrait dans Damiette.

Cette Eglise, aux grandes verrières étincelantes de mille couleurs, aux flèches aiguës et admirablement ouvragées, était du plus pur style ogival. Aussi vaste et de beaucoup plus belle que notre vieille Cathédrale, l'Eglise Saint Paul pouvait lutter de splendeur avec la magnifique cathédrale de Metz, construite à la même époque. L'architecte en fut probablement quelque moine inconnu de ce couvent. Elle ne fut complètement achevée qu'en 1315.

La réunion de Verdun à la France lui fut fatale. L'année même de cette réunion, en 1552, Charles-Quint assiégea Metz. On craignit que, Metz pris, il ne vint mettre le siège devant Verdun. Or, la position de Saint-Paul, en dehors et près des remparts, était un danger pour la ville, et ne pouvait nullement servir à la défense.

Le Conseil du roi Henry II résolut de démolir le monastère et l'Eglise. Tavannes, premier gouverneur militaire de Verdun, fut chargé d'exécuter cet arrêt.

L'œuvre de destruction fut rapide. En *six* jours, on mit tous les bâtiments « rez pied, rez terre. » Cependant on pût recueillir toutes les épithaphes et inscriptions qui se trouvaient dans l'Eglise, sur les tombes et ailleurs. Ce recueil est imprimé. Il peut intéresser les amateurs d'histoire locale.

« Vous ferès retirer mes religieux aux Frères-
« Prescheurs, qui cependant se retireront dans un
« hospice du dict Verdun, jusqu'à ce que j'y aie
« aultrement pourveu, » avait écrit le cardinal Charles de Lorraine, alors abbé de Saint-Paul, à Nicolas Psaulme.

Les moines de Saint-Paul rentrèrent en effet en ville, et peu après Nicolas Psaulme, qui en avait été lui-même abbé, leur donna, de concert avec le cardinal de Lorraine, un terrain en dedans des fortifications, à quelques centaines de pas de leur ancien couvent, dont l'emplacement a conservé le nom de Vieille-Saint-Paul.

Ils y construisirent une nouvelle maison : la plupart des bâtiments existent encore. Là, se trouvent le Tribunal et la Sous-Préfecture : nous en reparlerons.

En 1785, ils commencèrent la construction d'une magnifique Eglise, qui devait être, dit-on, Saint-Paul de Londres en petit. Cette Eglise, touchant au couvent, formait un côté de la rue Saint-Paul presqu'en face du collège. Déjà, ses murs s'élevaient à hauteur d'hommes, quand survint la Révolution qui, supprimant les moines, interrompit le travail. Sur l'emplacement, s'élèvent aujourd'hui les maisons portant les n°s 13, 15, 17.

Cette abbaye possédait peut-être la plus riche bibliothèque de tous les couvents de Verdun.

SAINT-MAUR.

Voici comment le pape Saint Léon IX raconte la fondation de Saint Maur, dans sa Bulle de 1049, confirmant ce monastère dans la propriété de ses biens, donnée « du consentement du très aimé « évêque Thierry, et à la prière et humble suppli- « cation de Eve, abbesse. »

« Ce monastère, situé dans un faubourg de Ver- « dun, près d'un petit ruisseau, la Scance, — « *juxta rivulum Scantia*, — où primitivement fut « élevé un oratoire en l'honneur de Saint Jean-Bap- « tiste et de Saint Jean l'Evangéliste, et où aujour-

« d'hui sont encore vénérés, par les habitants de la
« dite Ville, les corps des Saints Maur, Salvin et
« Arateur: oratoire que l'évêque Haymon transforma
« et érigea en monastère en raison des avantages
« qu'offraient les eaux du ruisseau, et afin que les
« nonnes qu'il se proposait d'y établir sous la règle
« monastique, pussent trouver auprès d'elles tout
« ce qui était nécessaire à certains usages journa-
« liers. »

Ce pauvre oratoire avait été bâti par Saint Maur pour servir de baptistère aux premiers catéchumènes Verdunois (1). Deux siècles après, il avait été reconstruit et agrandi par Saint Airy qui en avait fait l'Eglise paroissiale de Saint-Médard. Haymon donna, à son nouveau couvent, cette Eglise qui prit le nom de Saint-Maur ; « et le
« nom de Saint-Médard passa à une autre église
« bâtie tout auprès. »

Avant Léon IX, le pape Jean XIX, en 1029, « la
« cinquième année de son pontificat, l'empereur
« Conrad régnant; » puis l'empereur Henry III, en 1041, avaient aussi honoré Saint-Maur, le premier

---

(1) *Saint Maur*, disciple et successeur de Saint Saintin, fut, dit-on, le premier Verdunois converti au Christianisme. Il était évêque vers 359-360. La persécution de Julien l'Apostat l'obligea à fuir momentanément Verdun. Il se réfugia, avec quelques disciples, dans les forêts où fut depuis le village de Flabas. Saint Maur revint à Verdun après la mort de Julien.

d'une Bulle, et le second d'un Diplôme, constatant ses propriétés.

Les religieuses Bénédictines de Saint-Maur étaient autrefois de très grandes et très puissantes dames; et nombreux et considérables étaient les biens qu'elles possédaient « tant à la ville qu'à la « campagne : — *bona tam urbana, quam ruralia.* »

Elles avaient dans *cinquante-huit* villages « des « bâtiments, vignes, prés, forêts, champs cultivés « et incultes, étangs, moulins, cours d'eau et « droits de pêche. »

Elles avaient « des serfs de l'un et l'autre sexe ».

Elles nommaient à une vingtaine de cures, dans le diocèse de Verdun et ailleurs ; et elles en touchaient les revenus, ne laissant aux curés, qu'elles appelaient leurs *vicaires*, que la *portion congrue*, c'est-à-dire, le plus souvent de quoi ne pas mourir de faim. Elles gardèrent ce privilége jusqu'à la Révolution. Tous les autres couvents agissaient de la même manière à l'égard des cures à leur nomination. Elles étaient *seigneurs* de Chaumont-sur-Aire, de Courcelles-sur-Aire, et des Erize Grande et Petite, avec tous les droits féodaux.

Quand on leur amenait leurs fermages de Conflans, les voituriers devaient être accompagnés d'un charpentier « portant la hache suspendue au col.

Elles possédaient, à Verdun, un moulin sur la rive droite de la Meuse, en face de celui de la

Magdelène ; et des *étuves* ou bains qu'elles mettaient en location.

Elles contribuaient aussi à l'entretien des remparts de la Fermeté, et avaient pour cela certains droits de *tonneu*, ou taxe, sur les marchandises entrant en ville.

Pourtant, le monastère fut souvent en grande détresse, par suite des guerres qui tarissaient la source de ses revenus.

En 1552, le couvent de Saint-Maur, sauf l'Eglise, fut démoli pour faire place aux retranchements construits, par peur de Charles-Quint, à l'endroit où est aujourd'hui la porte de France. De l'ancien couvent, il ne reste, dit-on, que le puits qui est encore près de cette porte.

Les Religieuses reculèrent et se bâtirent, un peu en arrière, une nouvelle maison, là où elle est actuellement. Mais alors elle furent séparées de leur vieille église par la rue. Afin de pouvoir s'y rendre sans être vues du public, elles construisirent, au dessus de ladite rue, une galerie en l'air qu'on appela le Rampont.

Cette vieille église de Saint-Maur était laide et petite. Elle fut jetée bas par la Révolution. Des restes de la crypte existent encore, dans les caves de la maison de Mme Clément-Cottin.

Les Bénédictines ont été expulsées de leur couvent en 1791. Il n'y avait rien de remarquable dans ce couvent, qu'un très vaste jardin.

C'est aujourd'hui un orphelinat de jeunes filles, et une maison de retraite pour les Dames, dirigés par les sœurs de Saint Vincent-de-Paul qui sont là depuis 1808.

Mgr Desnos les avait appelées à Verdun, en 1785, et avait fait bâtir pour elles une splendide maison rue Saint-Louis, qui porte actuellement les n°s 7, 9 et 11. Elles ne l'ont habitée que jusque 1791.

COLLÉGIALE DE SAINTE-CROIX.

Ce fut aussi vers l'an mil, qu'Amicus, princier du Chapitre de la Cathédrale, fonda de ses biens personnels, à la Ville-Basse, une église, sous le vocable de Sainte Croix, où il établit dix à douze chanoines, chargés de faire, à Saint-Maur, les offices religieux.

Dans l'une des salles de cette collégiale, ou même dans l'Église, les Magistrats de la Cité, ou *Echevinat*, tenaient leurs séances, de temps immémorial; et rendaient la justice *en causes* civiles, sous la présidence du Doyen, premier dignitaire de la Ville.

Plus tard, quand la *Commune* eut conquis sur les Évêques, le droit de juger ou *criminel* ou la *vicomté*, elle institua un second *Echevinat*, celui du *Nombre*, que présida le *Maître-Echevin*, second dignitaire de la Ville. Ce second corps judiciaire, qui souvent était composé des mêmes personnes que le premier, siégeait aussi à Sainte-Croix.

De là, on disait le *Siège de Sainte-Croix*, le *Palais de Sainte-Croix*. De là, les magistrats, formant le corps judiciaire Verdunois, ont été appelés *Juges de Sainte-Croix, Echevins de Sainte-Croix.*

Seulement les *Echevins*, chargés de rendre la *justice civile*, étant de beaucoup antérieurs aux *Echevins* qui rendaient la *justice criminelle*, conservèrent, d'une façon plus spéciale, le nom d'*Eschevins don Palais de Saincte-Croix*, ou simplement d'*Eschevins don Palais*.

De là aussi est venu, au *Recueil des Usages* suivant lesquels les magistrats ou échevins rendaient la justice, le nom de *Coutume de Sainte-Croix*, laquelle *Coutume* a été suivie jusqu'à la Révolution, dans tout le pays Verdunois.

Les évêques de Verdun, lors de leur première entrée dans leur ville épiscopale, s'arrêtaient au portail de l'église Sainte-Croix et juraient, « veues « les Sainctes Evangiles, et la main mise à leur « pect (*pectus*, poitrine,) de garder et maintenir le « droit de la Doyneit et du siège de Sainte-Croix « de Verdun. »

En 1552, l'église et la collégiale de Sainte-Croix furent démolies par les Français, afin d'avoir une place où l'on pût faire la montre de la garnison, c'est-à-dire passer les revues. Mais le nom de Sainte-Croix est resté à la place sur laquelle elles étaient, et au pont qui y conduit.

Nicolas Psaulme donna aux chanoines de Sainte-Croix, afin qu'ils pussent y continuer leurs offices religieux, la chapelle Saint-Laurent, proche de la cathédrale, à l'entrée de la rue de la Belle-Vierge (1). Mais la vie commune leur étant dès lors devenue impossible, ils laissèrent leurs fonctions d'aumôniers de Saint-Maur, et se dispersèrent. Pourtant ils restèrent toujours à la nomination de l'abbesse. A la fin du siècle dernier, ils n'étaient plus que deux ou trois. C'était un titre bénéficiaire sans résidence.

Quant au corps judiciaire *Verdunois*, son antique Palais détruit, il siégea à l'Hôtel-de-Ville-Montaulbain : ainsi que le corps judiciaire *Français* qui le remplaça vers 1607, sous le nom de Chambre-Royale.

Vers 1680, on bâtit, aux gens du Baillage, un nouveau Palais, si toute fois, on a pû donner ce nom de Palais à la maison qui, au siècle dernier, faisait l'angle de la rue Saint-Maur, aujourd'hui Chevert, et de la place d'Armes. Le siège Présidial, établi par *édit* de 1685, y tint aussi ses audiences.

En 1728, le maréchal de Belle-Isle, gouverneur général des Trois-Evêchés, fit construire un corps de garde, du côté de la place, sur le flanc du Palais dont l'entrée fut reportée sur la rue Saint-Maur. C'est ce corps de garde, démoli seulement

(1) La chapelle *Saint-Laurent* fut démolie, en 1739, par ordre du maréchal de Belle-Isle pour élargir la rue et y établir un corps de garde qui disparut lui-même en 1780.

vers 1780, qui a fait donner, à la place, son nom moderne (1).

Collégiale de la Magdelène.

Il y avait à Verdun, dans les premières années du XIe siècle, un homme riche, savant et pieux qui voua sa fortune et sa vie à construire, dans notre Cité, une grande collégiale ou cloître pour des chanoines réguliers : « *Fratres ad serviendum Domino.* »

L'évêque Haymon lui donna dans ce but, un vaste terrain, à la pointe extrême de la Fermeté. Des princes l'aidèrent de leur argent. Le noble Vénérand, *voué* ou lieutenant du comte Hermann, « *urbis advocatus,* » et sa très pieuse femme, Bertrade, non seulement lui abandonnèrent une propriété voisine des terrains déjà concédés ; mais encore, ils mirent à sa disposition un grand nombre de serfs de leurs domaines qui vinrent, comme ouvriers et manœuvres, travailler à la construction de ses bâtiments.

L'emplacement, sur lequel Ermenfroid élevait son cloître, se recommandait aux âmes dévotes,

(2) Cette Place fut d'abord nommée place de la Tour-le-Princier, parce qu'elle était voisine de l'hôtel du Princier, hôtel dont nous parlerons. On l'appela aussi place de l'Estrapade, à cause d'un instrument de punition militaire qui fut élevé en 1585 et supprimé par Louis XIII au commencement du siècle suivant ; puis place du Palais, puis enfin place d'Armes.

par de pieuses et antiques traditions.

Vers l'an 496, Saint-Remy, l'apôtre des Franks, serait venu à Verdun, peut-être au-devant de Clovis, qui sortait des champs de Tolbiac, et y aurait fait construire un oratoire dédié à l'illustre pénitente de l'Evangile; oratoire autour duquel il aurait réuni un certain nombre de femmes pécheresses, pénitentes elles-mêmes. et vivant en commun, sous une règle sévère. Saint Maldavié remplaça ces filles repenties par une communauté de religieuses.

Mais depuis longtemps, cette communauté avait disparu ; et son souvenir seul était conservé par la dénomination de Vieux-Moustier, « *vetus monasterium* », donné à l'emplacement où elle avait existé.

Ermanfroid, respectueux du passé, voulut que sa collégiale relevât et gardât ces souvenirs lointains et vénérés : c'est pourquoi il en plaça l'église sous l'invocation de Sainte Marie-Magdelêne.

Le nouveau cloître occupait, avons-nous dit, la pointe orientale de la Fermeté. L'évêque Haymon avait volontiers cédé ce terrain, à une condition pourtant : c'est que les chanoines se chargeraient, *à perpétuité*, de l'entretien du rempart, dans la partie que couronnaient leurs bâtiments (1).

(1) La Magdelêne était chargée de l'entretien du rempart qui se trouvait derrière les maisons; de Mazel à partir du n° 39 au n° 71, et de Saint-Pierre, à partir du n° 1 au n° 25. Le bas de la rue Saint-Pierre s'appelait alors rue du Tournant.

La Magdelène et les autres couvents soumis à une pareille obligation, cessèrent de la remplir vers la fin du XIII⁰ siècle, quand la Ville, constituée en *Commune*, et jouissant de la totalité de ses revenus qu'elle pouvait au besoin augmenter par des impositions, agrandit son enceinte et prit à sa charge l'entretien de ses fortifications.

Haymon voulant se montrer grand et généreux vis-à-vis de sa nouvelle fondation, accorda aux chanoines le droit de prendre une *cuillerée* sur chaque franchard de grains qui se rendait à la Grange : « *Grangia ubi blada venduntur* » (1).

Et sans doute afin qu'ils pussent moudre leurs grains, il leur fit ensuite don d'un fort moulin, sur la rive gauche de la Meuse, au milieu de la Ville, en face de celui de Saint-Maur auquel il était relié par un pont que l'on appelait alors le Pont-Neuf. Mais bientôt les eaux ayant emporté ce pont, on relia les deux moulins par un solide barrage en

(1) La *Grange*, ou Halle aux blés, se trouvait de temps immémorial là où nos vieillards l'ont encore vue ; « c'était, dit l'abbé Clouet, un noir et massif bâtiment, à « lourdes fenêtres ogivales, » appuyé au vieux rempart de la Ville-Haute, terminant la rue de la Vieille-Prison, et ouvrant en face de la rue de la Grange elle-même qui y aboutissait. Elle fut vendue et démolie en 1834. C'est aujourd'hui les maisons n° 17 de la rue des Gros-Degrés, et n° 1 de la Vieille-Prison.

La Magdelène conserva, jusqu'en 1790, une partie de son droit de *cuillerée*.

pierres de taille. Ce barrage et le moulin furent démolis, par ordre du Gouvernement, en 1775.

Les libéralités d'Haymon et des successeurs Raimbert, Richard et Thierry-le-Grand ; celles des empereurs et des princes avaient grandement enrichi ce Chapitre de la Magdelène. Il nommait non-seulement à une dizaine de cures dont il touchait les revenus, mais encore il avait des droits seigneuriaux dans 20 ou 25 villages et localités du Verdunois et du pays voisin. Il était en particulier seigneur d'Ornes et d'Etain. La ville de Dieuze et ses salines lui appartenaient aussi : Ermanfroid l'avait achetée, par l'entremise de l'évêque Thierry, de Godefroid-le Barbu qui avait besoin d'argent.

L'ensemble des bâtiments de la collégiale avait belle et majestueuse apparence. Son Eglise, vaste et somptueuse, avec sa toiture en plomb qui étincelait au soleil, avec ses deux énormes tours romanes qui dominaient la ville, ressemblait à une cathédrale.

Elle fut consacrée le 9 octobre 1049, Thierry-le-Grand régnant, par le pape Léon IX, autrefois Brunon évêque de Toul, en présence des archevêques de Trèves et de Reims, d'une multitude de prêtres et de moines, et d'un peuple immense.

L'église et la collégiale de la Magdelène demeurèrent telles jusqu'en 1790. En 1791, elles furent vendues comme propriétés nationales, et démolies au bout de quelques années. On puisait dans ces démolitions, comme dans une carrière de pierres toutes taillées.

On régularisa la *cour de la Magdelène* du côté où était le monastère, et l'on construisit sur son emplacement plusieurs maisons particulières. Il ne reste plus de cette collégiale que quelques arcades dans la maison qui fait l'angle Nord-Est de la place.

C'était dans les cloîtres de la Magdelène que se tenaient les assemblées du lignage d'Estouf.

Une rue de la Ville-Basse, aboutissant, d'une part sur Ancel-Rue, (rue Mazel actuelle.) et de l'autre sur la Meuse où se trouvait le moulin de la Magdelène, conserve le nom de rue du Port-de-la-Magdelène.

SAINT-AIRY.

Saint-Airy (*Agericus*, riche en terre,) est l'un de nos évêques qui ait été le plus mêlé à l'histoire générale de son temps.

Il naquit à Verdun dont il était un « des citoyens, » dans les premières années du VIe siècle. Evêque vers 550, il devint et resta, pendant quarante ans, l'honneur de l'épiscopat Austrasien. Il baptisa, vers 572, Childebert, fils de Sigebert Ier et de Brunehaut. Gontran-Bose ou le Méchant, l'un des quatre ducs révoltés contre Childebert ou plutôt contre Brunehaut, fut remis, la conjuration découverte, sous sa garde et responsabilité : et ce ne fut point sa faute, si plus tard ce même duc fut tué à Andelot. Il ne fut pas plus heureux avec Berthefroid, autre duc rebelle, qui fut assassiné dans son église épiscopale.

Il se lia d'amitié avec Grégoire de Tours, le premier historien des Franks. Il donna l'hospitalité au poëte Venance-Fortunat, qui paya cette hospitalité par des vers gracieux. Il reçut la visite de Childebert, qui vint à Verdun avec sa cour. C'est pendant le séjour du Roi qu'eut lieu le *miracle du Baril*, duquel « tant plus on tirait de « vin et tant plus il en sortait, » dit Wassebourg : ce dont profitèrent les Franks qui étaient de vaillants buveurs. Le fait de ce miraculeux *Baril* indique sous forme de légende, suivant quelques auteurs, l'époque de la plantation de la vigne autour de Verdun.

Saint Airy mourut, vers 591 dans sa maison paternelle où il s'était retiré, sur les dernières années de sa vie, et où il fut inhumé.

Cette maison était située au bas de ce qui fut depuis Saint-Victor, sur la rive droite du grand bras de la Meuse dit le Moson, à droite aussi de la voie romaine en montant.

Le pieux Evêque y avait construit, dit on, un petit oratoire en l'honneur de Saint André, apôtre, et de Saint Martin de Tours. Jusqu'au XIe siècle, des clercs y célébrèrent les offices religieux.

Vers 1025, l'évêque Raimbert leva de terre le corps de Saint Airy ; et, sur l'emplacement de l'ancien oratoire, il fit bâtir une église qui prit bientôt le nom du Saint que le peuple y honorait. Puis, dans les *Trices*, ou terrains incultes qui avoisinaient cette église, il jeta les fondements d'une abbaye où il appela les Bénédictins de Trêves (1).

A cette abbaye il donna quelques biens, entre autres un moulin qu'il possédait tout à côté, peut-être en face, sur le Moson. L'empereur Henry III ratifia tous ces dons, par solennel diplôme, daté de 1042.

L'abbaye de Saint-Airy resta inachevée, et pauvre pourtant des biens de ce monde sous les évêques Raimbert, Richard, et dans les premières années de l'épiscopat de Thierry, malgré la bulle de Léon IX, en 1052, engageant les fidèles à venir à son aide.

Enfin, vers 1080, Thierry, reprenant en main l'œuvre de ses prédécesseurs, eut la gloire d'achever Saint-Airy. Puis, par sa charte de 1082, il confirma l'abbaye dans la possession de tous ses biens, et en ajouta beaucoup d'autres consistant en terres, domaines, droits, privilèges et *autels* ou nominations à diverses cures.

---

(1) Le vieux mot Verdunois *Trice* ou *Trixe* qui veut dire Friche, a été conservé dans la dénomination d'une partie de la contrée à laquelle Saint-Airy appartenait, et qui en est aujourd'hui séparée par les fortifications : Elle s'appelle encore le *Trice*, ou bien le *Dieu du Trice*, d'une statue du *Bon-Dieu de Pitié* qui s'y trouvait. Transportée à la Cathédrale en 1755, elle fut brisée en 1793.

Cette charte de Thierry nous semble surtout remarquable parce qu'elle fonda, à Verdun, la *Foire de la Saint-Martin* qui existe encore.

Cette foire devait durer deux jours. Dans les premières années, elle se tint le 30 novembre, fête de Saint André, et le 1ᵉʳ décembre, fête de Saint Airy. Mais bientôt on la reporta à la Saint-Martin, le 11 novembre ; d'abord parce que Saint Martin était également un des patrons de l'abbaye; ensuite et surtout parce que l'on voulait profiter des derniers beaux jours de l'année, de l'*été de la Saint-Martin*.

En 1089, l'empereur Henry IV, dont notre Évêque était le conseiller et l'ami, confirma, de son autorité impériale, l'établissement de cette foire : « Et que nul, dit-il, n'ose troubler les foires que « Thierry a établies à l'occasion de fête de Saint « Airy. »

Le *cri* de la fête, car ces foires étaient des jours de fête, ou *Cri du Ban*, ouvrant et fermant la foire à son de trompe, qui était un droit du seigneur Evêque, fut donné par celui-ci à l'abbé de Saint-Airy. Il lui donna aussi, ce qui valait mieux, le *tonneu, telonium*, ou produit des droits d'entrée que les marchandises payaient en entrant en Ville, pendant ces deux jours de foire.

Vers 1100, les moines de Saint-Airy ouvrirent des écoles publiques qui eurent, comme celles de Saint-Mihiel, leur heure de célébrité.

En 1237, l'abbé Nicolas fit entourer son abbaye « d'une forte muraille, *muro forti* » qui fut utilisée, avons-nous dit, lors de la construction du Grand-Rempart. Il y a 20 ans, on voyait encore les restes de deux ou trois tours dans la rue derrière Saint-Airy, qui longe le rempart.

En 1244, l'abbaye acheta « les molins qu'on « appelle Signour Païen, » qui se trouvaient à 200 pas en aval de son ancien moulin. C'est ce moulin Païen qui existe encore aujourd'hui sous le nom de moulin Saint-Airy.

En 1390, elle fit construire, ou plutôt elle fit transformer son ancien moulin « en papellerie, » la première qu'il y eut à Verdun. Ainsi, c'est aux moines de Saint-Airy qu'on doit l'introduction de l'industrie du papier dans nos contrées.

En 1479, la Ville « prit à cens perpétuel et irré- « vocable, tous les molins tant à bled comme à « papier, que on dit Moson-Molin-Saint-Ary, » moyennant certaines redevances en argent et en nature ; le droit de pêche sur le Moson laissé aux moines, et la fourniture annuelle au couvent, d'une rame de papier « dou meillour de la façon de la « dite papellerie. »

La Ville conserva le moulin jusqu'à la Révolution, époque à laquelle il fut vendu « 31,000 francs au citoyen Devaux, marchand. »

Quant à la papeterie, elle fut, en 1600, transformée en moulin à poudre qui fonctionna jusqu'à l'explosion de 1727, qui le détruisit complètement, endommageant les maisons voisines. Alors, il fut reporté près de Belleray, à la Falouse, où on en voit encore des ruines.

La Révolution chassa les moines. Le couvent fut vendu et démoli : la riche bibliothèque en passa à la Ville. De cette abbaye qui fut puissante, il ne reste plus rien que quelques vestiges cachés dans les maisons particulières, et le nom de Saint Airy conservé à un pont et au *canal* du Moson.

Saint-Nicolas-du-Pré.

La Meuse, au Midi de Verdun, entoure de ses deux bras, une vaste prairie laquelle, de temps immémorial, appartenait aux évêques de Verdun, et qu'aujourd'hui encore on appelle le Pré-l'Évêque.

L'évêque Jehan d'Apremont y construisit, vers 1220, dans la partie la plus rapprochée de la Ville, une maison religieuse dans laquelle il appela des chanoines réguliers de Saint-Victor de Paris.

Transféré à Metz, en 1225, il pria son successeur, Raoul de Torote, de continuer son œuvre. L'église et le couvent, achevés l'année suivante, furent placés sous le patronnage de Saint Nicolas.

Mais, le temps des belles fondations était passé. Il fallut longtemps recourir à la charité publique avant d'arriver à doter Saint-Nicolas qui du reste ne fut jamais riche.

Bientôt quelques maisons particulières se construisirent aux alentours de la nouvelle abbaye. Mais, le terrain du Pré étant bas, marécageux, coupé de petits ruisseaux et souvent inondé, on n'y établit d'abord que des jardins d'agrément, avec maisonnettes qui reçurent le nom significatif de Folies.

Dans le XVIIe siècle, quelques habitants, expulsés par la construction et l'achèvement de la citadelle, y vinrent s'y fixer. Pourtant ce ne fut qu'à la fin du siècle suivant, que ce quartier acheva de se peupler tel qu'il l'est aujourd'hui; quand les travaux faits sur la Meuse, vers 1780, et la démolition du barrage, qui allait du moulin de la Magdelène à celui de Saint-Maur, l'eurent mis à l'abri des inondations, en facilitant l'écoulement des eaux.

Il était autrefois d'usage ancien, que le jour de Saint-Hubert, patron des chasseurs, « Messieurs du Magistrat » allassent ouïr la messe, en l'église Saint-Nicolas ; après quoi ils partaient en chasse dans les bois de Baleicourt.

Vers 1700, l'abbaye de Saint-Nicolas fut reconstruite presqu'à neuf. Les chanoines la quittèrent en 1791. En 1807, elle fut transformée en hôpital : nous le dirons.

Aujourd'hui, comme il y a 600 ans, on dit encore, en parlant de ce quartier : le faubourg du Pré, « *in suburbio Prati.* »

LES JACOBINS.

Les Frères Prêcheurs, ou Dominicains, sont

plus connus à Verdun, sous le nom de Jacobins, parce qu'ils nous venaient de la rue Saint-Jacques de Paris. Ce fut encore Jehan d'Apremont qui les appela en 1221, l'année même de la mort de Saint Dominique. Il leur donna un petit terrain, sur la Meuse, entre l'abbaye de Saint-Paul, (la Vieille), et l'hôpital Saint-Nicolas de Gravière (le Collège).

Les bâtiments du couvent étaient du côté de l'hôpital. Le portail de l'Eglise, petite et assez jolie, dont, avant l'incendie de 1870, on voyait encore une grande croisée ogivale murée, faisait face à l'impasse qui ouvre sur la rue Basse-Saint-Paul. Cette impasse formait la cour d'entrée du couvent.

Le lignage d'Azannes semble avoir tout particulièrement affectionné les Jacobins, dans la maison desquels étaient ses titres et archives, et où il tenait ses assemblées. Beaucoup de Lignagers furent inhumés dans leur Eglise.

Il y a 25 ans, en creusant sur l'emplacement de cette église, on a retrouvé une magnifique tombe en pierre noire, représentant un citain du lignage d'Azannes sans nul doute, couché sur le dos, les mains jointes sur son épée ; et, au dessus de la tête, une banderolle portant une devise dont j'ai oublié le sens et les mots. Cette tombe a fini par être brisée, après être restée longtemps abandonnée dans l'impasse.

En 1552, une partie de l'église et des bâtiments

fut démolie pour faire place à de nouvelles fortifications.

En 1791, les Jacobins furent dispersés, et le couvent vendu. Le couvent fit place à des maisons particulières. L'église fut, en 1805, transformée en Synagogue. Incendiée, lors du bombardement du 13 octobre 1870, cette Synagogue, fut reconstruite à neuf, et inaugurée le 19 février 1875. C'est un petit édifice élégant et original, qui occupe le fond de l'impasse des Jacobins, et dont on aperçoit la façade en allant à la gare.

Le nom donné à cette impasse, est le seul souvenir qui reste des Jacobins.

Les Récollets ou Frères-mineurs.

Les Frères-Mineurs, appelés aussi Franciscains de Saint François d'Assise leur fondateur, et Cordeliers d'une petite cordelette qui leur servait de ceinture, furent établis à Verdun, en 1226. Il est probable que ce ne fut pas l'évêque Jehan d'Apremont qui les fit venir ; mais bien les gens du lignage de la Porte qui, jaloux sans doute du patronage que ceux d'Azannes donnaient aux Frères Prêcheurs, voulaient aussi avoir leur Ordre à eux.

On leur concéda, sur la droite du Brachieul, en aval du pont, un vaste emplacement inhabité depuis l'incendie de 1217 ; cet emplacement était traversé par un petit bras du Moson qui rejoint le Brachieul.

VERDUN

Phototypie J. ROYER, Nancy

Synagogue

Simon de la porte, chef du lignage de ce nom, leur fit construire un beau cloître dans lequel il voulut être enterré, et une grande salle dans laquelle il plaça les papiers de son lignage, lequel y tenait ses assemblées.

Les Frères-Mineurs étaient très populaires à Verdun. Plus d'une fois ils y continuèrent les offices religieux et administrèrent les sacrements, aux époques de troubles, quand les évêques mirent la ville en interdit.

Il y eut, dans le cours du XVIe siècle, des hommes de grand mérite parmi ces Frères-Mineurs. Mais bientôt « ils tombèrent dans le relâchement; » et, en 1602, ils furent remplacés par des Récollets, autre variété du même Ordre. « Les anciens reli-
« gieux, ne voulant ni se soumettre, ni se réformer,
« abandonnèrent leur couvent, et emportèrent les
« titres, les meubles et même les ornements de
« l'Eglise. »

Les Récollets restèrent jusqu'en 1792.

Belle Eglise gothique démolie à la Révolution.

Il reste, du couvent, un vaste corps de bâtiments, isolé, qui fut construit par les religieux, en 1774, et qui sert aujourd'hui de maison particulière.

En avant de ce bâtiment, est un beau jardin qui ouvre sur la rue Saint-Lambert, ainsi appelée d'une ancienne chapelle dont il est fait mention dès 1026: « *Capellam Sancti-Lamberti in civitate.* »

Les Clarisses.

Sainte Claire est la fondatrice d'un Ordre de femmes affiliées aux Frères-Mineurs et appelées pour cela Sœurs-Mineures, ou plus souvent Clarisses.

Quatre pieuses bourgeoises de Verdun, une mère nommée Collette Aquille, sa fille et deux de leurs parentes, ayant mis leurs biens en commun, se retirèrent dans la maison de l'une d'elles, et obtinrent de l'évêque Jacques de Revigny, l'autorisation, en 1292, de s'y bâtir un oratoire et d'y vivre en commun. L'année suivante, elles se firent incorporer aux Clarisses de Metz ; mais on les appela toujours à Verdun, Sœurs Collettes du nom de la première d'entre elles.

Ces saintes filles ne furent jamais riches qu'en vertus. Cependant, elles parvinrent à se faire bâtir une Eglise qui fut consacrée, le 29 juin 1677, par l'évêque Charles de Lorraine.

En 1791 elles furent expulsées. Elles étaient encore 25 religieuses au cloître.

Le couvent était construit dans la rue Saint-Victor, à gauche à mi-côte, en montant. L'Eglise a été complètement démolie. Les jardins, qui existent encore, sont très beaux et très vastes, avec un puits qui date du temps des Religieuses.

La situation de ce couvent dans un quartier peu fortuné, a été cause sans doute que ces jardins, et ce qui reste des bâtiments, n'ont jamais été utilisés.

Les possesseurs actuels, appartenant eux-mêmes à un Ordre religieux, n'ont fait, pour ainsi dire, depuis 20 ans, que d'étayer des ruines.

LES AUGUSTINS.

Les Ermites de Saint-Augustin, Ordre mendiant comme les Cordeliers et les Capucins, succédant à d'autres mendiants appelés les Frères du Sac ou de Sachet, furent établis à Verdun, vers 1310, par l'évêque Nicolas de Neuville.

Le couvent occupait l'emplacement du Marché-Couvert. La porte d'entrée donnait sur l'extrémité de la rue de Rue. Il y a 40 ans lorsqu'on creusa les fondations du Marché, on déterra quelques tombes.

L'Eglise se trouvait sur la Meuse, le long du Petit-Rempart, où est aujourd'hui le théâtre. Elle était ogivale et à une seule nef latérale, comme Saint-Victor.

En 1645, la famille Marillac fonda, dans cette Eglise, une messe, dite chaque année jusqu'à la Révolution, avec distribution d'aumônes aux pauvres, pour le repos de l'âme du malheureux et trop coupable maréchal.

En 1791, l'évêque Aubry, aussitôt après l'expulsion des cinq ou six religieux qui étaient au couvent, voulut faire de leur Eglise, une chapelle de secours pour le faubourg du Pré.

Il ne reste plus rien des Augustins, que leur nom conservé par le pont sur la Meuse, et par la rue, passant devant le Marché-Couvert et le Théâtre, qui aboutit à ce pont.

Les Minimes.

Au XVe siècle, il y avait déjà un monastère dans les terrains où furent depuis les Minimes. Ce monastère était habité « par les Sœurs Pénitentes de Sainte-Magdelène, établies en l'Isle de Tilly. » Les Sœurs de la Magdelène étaient sans doute un ressouvenir de la maison de Pénitentes du même nom, fondée, au Ve siècle, par Saint-Remy, dans le *Castrum*.

L'Isle, dans laquelle elles se trouvaient, est formée, d'un côté, par le Moson ou canal Saint-Airy, qui va à la Meuse, près des Moulins-la-Ville; et de l'autre, par un petit bras de ce Moson, long d'à-peu-près 200 pas, qui se jette dans le Brachieul, un peu au-dessous des Récollets, et va aussi, réuni au Brachieul, se décharger dans la Meuse, près des Moulins-la-Ville.

Cette Isle a été appelée de Tilly, sans doute à cause des nombreux *tilleuls* dont elle était autrefois plantée : *tillia*.

On appelait aussi, à Verdun, les Sœurs Pénitentes de Sainte-Magdelène, *Dames de Tilly.*

En effet, dans un titre de Saint-Maur, de 1382, je trouve : « Un meix et les appendices d'icelluy, « séant sur les fossés des Dames de Tilly. » Et dans un autre de 1388 : « Un meix séant au finage de

« Verdun, au lieu qu'on dit sur les Fossés les
« Dames de Tilly. »

Aussitôt après la mort de Saint Louis, on donna
ce grand Roi pour patron à l'Eglise et au monastère
qui était encore, en 1350, habité par des femmes ;
car il y avait alors « une sœur Césalie du monas-
« tère Saint-Louis de Verdun. »

En 1396, il n'y avait plus qu'une religieuse de
Saint-Louis. Cette Dame fut remplacée par des
moines de Saint-Airy, qui transformèrent le couvent en prieuré de leur maison, dit aussi Prieuré
de Saint-Louis.

En 1570, ce Prieuré fut lui-même supprimé, et
tous ses revenus reportés à Saint-Airy. Alors l'évêque Nicolas Psaulme racheta l'Eglise et les bâtiments, et y appela des Minimes.

Les Minimes avaient été fondés vers 1460, par
Saint François de Paul qui, voulant surpasser en
humilité les Frères-Mineurs de Saint François
d'Assise, appela ses disciples Minimes, de *minimi*,
les plus petits.

Nicolas Psaulme, en les faisant venir dans sa
ville épiscopale, les dota convenablement. En 1576,
l'évêque Bousmard posa la première pierre des
nouveaux bâtiments du couvent, et fit réparer la
vieille Eglise Saint-Louis où il fut inhumé,
en 1584.

Au commencement du XVIIIe siècle, une neuve
Eglise fut construite, puis réparée vers 1830. C'est

aujourd'hui l'Eglise Saint-Sauveur. On y transporta les ossements de M. Bousmard, dont la tombe s'y voit encore. Les anciens disent toujours, en parlant de cette Eglise, l'Eglise des Minimes.

Depuis 1825, le Petit séminaire occupe les bâtiments du couvent, lesquels touchent à l'Eglise.

Le nom de pont de Tilly est resté, comme l'unique souvenir du vieux passé, au pont en dessus du Petit Séminaire, qui joint la rue Dame-Zabée à la rue des Minimes.

Les Capucins.

Religieux de Saint-François d'Assise, de la plus stricte observance, et dernière variété des Frères-Mineurs, les Capucins ne datent que de 1528 : c'est un des sept ou huit Ordres mendiants. C'étaient, de tous les religieux, ceux qui se mêlaient le plus au peuple, et dont le nom est resté pour ainsi dire légendaire. Ils vont pieds nus et laissent pousser toute leur barbe.

Ils furent établis, à Verdun, en 1585, par l'évêque Charles de Lorraine, cardinal de Vaudémont, qui leur fit bâtir un couvent tout proche de la grande abbaye de Saint-Vannes.

Lorsque Marillac fit construire la citadelle, il expropria les Capucins, et leur concéda un autre terrain, planté de vignes, situé entre Saint-Maur et Saint-Paul, mais sur le côté, tout contre le rempart. Là, ils se bâtirent une petite Eglise, qui fut achevée, ainsi que leur maison, vers 1630.

L'Eglise a été démolie à la Révolution, et le couvent approprié à des maisons particulières. Une rue, venant de la rue Chevert, tombant perpendiculairement sur l'entrée des Capucins, porte encore leur nom.

Les Capucins eurent trois ou quatre religieux qui moururent, victimes de leur dévouement, pendant les pestes qui désolèrent Verdun en 1611, et surtout en 1636.

Les religieuses de la Congrégation.

Les religieuses de la Congrégation doivent leur origine au B. Père Tourrier.

Fondées en 1598, elles vinrent, au nombre de trois, s'établir à Verdun, en 1608, sous l'épiscopat d'Erric de Lorraine. Le but de leur institution était *l'instruction gratuite* des enfants de leur sexe.

Au bout de trois ans, elles avaient su attirer à elles dix jeunes filles de la Ville qui prirent l'habit religieux, des mains du prince Charles de Lorraine, évêque de Verdun, dans l'Eglise Saint-Pierre-Langelé (l'Engéolé). L'année suivante, ces dix jeunes filles firent profession dans l'ancienne Eglise Saint-Sauveur, voisine de leur nouveau monastère.

Cette maison devint bientôt florissante : elle compta jusqu'à soixante religieuses.

Aussi usèrent elles noblement de leur fortune. Elles se firent bâtir, à la place du pauvre cloître où elles avaient passé leurs premières années, un couvent magnifique et spacieux dont la façade à colonnes existe encore. L'Eglise, grande et belle, fut exécutée sur le plan de celle du Val-de-Grâce, à Paris. Un artiste verdunois, Joseph Christophe, en peignit la coupole de fresques remarquables. Achevée en 1707, elle fut consacrée par M. de Béthume, un de nos grands évêques.

En 1792, la Congrégation et son Église furent vendues. La Ville voulut racheter l'Église, pour en faire l'Eglise de la paroisse Saint-Sauveur : la vieille Saint-Sauveur tombant en ruines. Mais l'acquéreur se hâta brutalement de la démolir ; et ce beau monument fut perdu !

Ce qui restait des bâtiments de la Congrégation, a été acheté, vers 1840, par des Religieuses du même Ordre. Elles se dévouent, comme leurs aînées, à l'instruction et à l'éducation des jeunes filles.

Les Carmélites.

Ordre très sévère, originaire d'Orient, et primitivement établi, vers 1200, au mont Carmel, en Syrie, duquel est venu le nom de *Carmes*. Les Carmes passèrent en Europe, vers 1240, et se recrutèrent parmi les hommes et parmi les femmes.

A la fin du XVIe siècle, Sainte Thérèse fut la grande réformatrice des Carmes et des Carmélites.

Le pieux évêque de Verdun, Erric de Lorraine, légua par testament, une somme de 10,000 francs, pour aider à l'établissement des Carmélites, à Verdun. Mais ce ne fut que sous le prince François de Lorraine, qui succéda à son frère Charles, successeur lui-même d'Erric, que les Carmélites vinrent en notre ville ; encore ce ne fut pas grâce à l'évêque François, presque toujours absent de son diocèse pour raisons politiques.

La reine Anne d'Autriche, femme de Louis XIII, particulièrement affectionnée aux Carmélites, demanda au Parlement de Metz, des lettres d'autorisation pour leur bâtir un couvent à Verdun ; et, bien entendu, elle les obtint.

On acheta une maison à l'angle de la place d'Armes et de la rue des Capucins, où était établi le jeu de paume ; on l'accommoda à leurs besoins, et on y ménagea une chapelle. Puis on fit venir sept Carmélites de Metz; et le 18 juin 1634, elles y furent installées par M. de Basoche, évêque de Cœsarée *in partibus*, vicaire général du prince François de Lorraine.

Malgré leur pauvreté, augmentée encore par les malheurs du temps, les Carmélites, comme des fourmis industrieuses, ramassèrent assez d'argent pour se faire construire une modeste Eglise dont les ornements, paraît-il, œuvre des mains de ces saintes filles, surpassaient en beauté ceux des plus riches couvents.

Le gros œuvre de cette Eglise existe encore : c'est le bâtiment couvert en ardoises, qui se trouve derrière les maisons particulières n°s 12 à 16 de la place d'Armes.

MAISONS RELIGIEUSES ACTUELLES.

Il y a encore aujourd'hui à Verdun, sept Maisons religieuses.

Deux d'hommes, ce sont : les *Clercs réguliers de la Congrégation de Notre Sauveur*, fondés en 1854 ; et les *Frères de la Doctrine Chrétienne*, établis en 1836. Les Frères se vouent à l'instruction gratuite des enfants du peuple.

Cinq de femmes. Trois sont enseignantes : ce sont les *Sœurs de la Doctrine Chrétienne*, établies en 1826 ; les *Sœurs de la Congrégation*, rétablies en 1839, dans l'ancien couvent de leur Ordre ; et les *Sœurs de Saint-Joseph* appelées en 1852. Ces dernières se font présentement bâtir une très belle chapelle, dans la rue Mautroté.

Deux sont destinées à secourir les pauvres et à soigner les malades en Ville : ce sont les Sœurs de *Saint-Vincent-de-Paul* qui habitent l'ancien couvent de Saint-Maur ; et les Sœurs *de Bon-Secours*, qui habitent la rue Saint-Louis depuis 1857.

V

LES HOPITAUX

C'est aux abbayes que les vieux hôpitaux doivent leur origine. Primitivement toute abbaye avait son *Hospitalité*.

« Je donne, dit en 1305, Mengin Liborne des
« Hais, en Exance, je donne aux Maisons-Dieu de
« Saint-Vannes, de Gravière de Saint-Sauveur,
« cinq sols fors monnoie coursable.

« Item: A la Maison-Dieu d'Exance dix sols fors
« monnoie coursable. Et si il venoit qu'un prestre
« fut establi pour chanter messe en ladite Maison-
« Dieu d'Exance, je lui donne cent sols fors mon-
« noie coursable (1). »

Ainsi se nommaient alors, les quatre Maisons-Dieu, ou Hôpitaux de Verdun, qui toutes devaient leur origine à de simples hospitalités de couvents, dans lesquelles étaient reçus et soignés les malades pauvres et abandonnés.

Maison-Dieu Saint-Vannes.

L'évêque Bérenger, en fondant Saint-Vannes, lui donna pour son Hospitalité les revenus de la cure de Saint-Pierre l'Engéolé « au faubourg du
« Chastel de Verdun : — *Ad præparadum Hospi-*
« *tale, Ecclesiam Sancti Petri, in suburbio Virdu-*
« *nensis castri.* »

En 1558, lors de la réorganisation des Hôpitaux,

(1) *Titres* de Saint-Maur.

par Nicolas Psaulme, les religieux de Saint-Vannes, comme toutes les autres communautés religieuses de la Ville, furent soumis à payer une cotisation « à l'Aulmosne publicque. » Cette cotisation montait pour eux à 124 livres de monnaie, et à 33 rez ou 539 franchards de froment. Mais ils continuèrent quand même d'entretenir à leurs frais leur Maison-Dieu; laquelle cependant devait servir de succursale à l'Hôpital Sainte-Catherine, quand le nombre « des pauvres non malades » y serait trop considérable.

Ainsi l'Hospitalité de Saint-Vannes resta toujours spéciale à cette partie de la Ville, et dura jusqu'à ce qu'elle fut détruite pour faire place à la citadelle.

Nous avons dit, en parlant de Saint-Vannes, que le principal bâtiment de son Hospitalité, ou *Aumônerie*, existait encore.

MAISON-DIEU DE SAINT-NICOLAS DE GRAVIÈRE.

L'abbaye de Saint-Paul, aussitôt après sa fondation, vers 980, se fit pareillement construire une Hospitalité. L'emplacement choisi fut un vaste terrain proche de l'abbaye elle-même, sur les bords de la Meuse, « devant la porte de la Cité « *ante* « *januam civitatis*, » c'est-à-dire devant la porte de la Princerie.

L'évêque Vicfrid dota richement cette Hospitalité, et lui donna, entre autres choses, quelques dîmes, dont il dépouilla de pauvres dévotes qu'il traite, dans sa charte de fondation, « de vagabondes « en la Cité --- *gyravagas in civitatem.* »

Cependant les premiers moines de Saint-Paul firent des dettes ; et pour les payer, les Prémontrés, qui les remplacèrent vers 1136, furent obligés d'engager les biens de l'Hospitalité de sorte qu'elle fut presque complètement ruinée.

Alors, existait à Verdun, un généreux bourgeois, nommé Constantius, autrefois très pauvre, mais devenu très riche par son travail et par le négoce : « *de nudo pauvere magnas opes consecutus.* »

Il donnait largement aux pauvres ses frères, et aux Eglises, car il n'avait pas d'enfants à qui laisser sa fortune. Déjà il avait aidé, de sa personne et de ses biens, à la construction de la Cathédrale, et avait fourni tout le plomb des toitures.

Témoin de la décadence de l'Hospitalité de Saint-Paul, il acheta, vers 1160, le terrain sur lequel elle était bâtie, et y fonda, de ses deniers, une Maison-Dieu.

Cette Maison-Dieu, qui dans la suite prit le nom de Saint-Nicolas de Gravière, fut appelée d'abord « Maison-Dieu don Pont à Gravière, » à cause du pont que le même Constantius avait fait construire tout à côté, et duquel nous parlerons à propos de la Tour de la Chaussée; car nous n'en avons pas fini avec cet illustre bienfaiteur de la ville, pas plus qu'avec le citoyen Waultrec.

La femme de Constantius, la pieuse Officia, s'associant à ses œuvres charitables, non-seulement y consacra aussi sa part de fortune, mais elle se fit elle-même, dans cet Hôpital, servante des pauvres et des malades qu'elle ne craignait pas de soigner de ses propres mains, même les infirmes et les plus repoussants, même les lépreux et les ladres.

A l'exemple de Constantius et d'Officia, on vit bientôt de nobles seigneurs se dévouer, eux et leur fortune, au service des pauvres : tèls, Conon, *miles* ou chevalier de Rignéville, en 1211, et Liétard de Watronville, eu 1213. (1)

La vieille Eglise de Saint-Nicolas de Gravière, qui resta celle du Collège jusqu'à la construction de l'Eglise actuelle, en 1731, se trouvait près de la porte de la Chaussée, à gauche en sortant de la Ville. Sa nef était parallèle au rempart, et son portail ouvrait sur l'extrémité de la rue de la Chaussée. On voyait encore il y a 18 ans, dans les remises qui en occupent le terrain, quatre à cinq piliers portant les caractères des premières constructions ogivales. Leurs bases étaient enfouies dans une cave ; et sur l'une de ces bases, était gravé le millésime 1231. Ce millésime était curieux, non seulement parce qu'il donnait la date approximative de la construction de l'Eglise ; mais

(1) On a trouvé, en faisant les fouilles près du rempart, pour la construction du nouveau Collège, des masses d'ossements humains entassés les uns sur les autres. Cet entassement n'a rien d'étonnant : c'est la conséquence des nombreuses et terribles épidémies qui désolèrent Verdun au moyen-âge, et firent des victimes à Saint-Nicolas.

encore parce qu'il était l'un des premiers exemples de l'emploi des chiffres arabes dans les inscriptions monumentales. Tout cela a disparu.

A la réforme des Hôpitaux, en 1558, les produits de l'*Aulmosne publicque* étant donnés à Sainte-Catherine, cette maison dût céder ses revenus à Saint-Nicolas de Gravière qui était destiné « à tous « pauvres hommes et femmes malades et impo- « tents de cette Cité et de la terre de l'Eglise. »

Mais, en 1570, Nicolas Psaulme ayant voulu fonder le Collège de Verdun, fit rendre à Sainte-Catherine ses revenus, y fit reconduire tous les malades, et donna tous les biens et les bâtiments de Saint-Nicolas de Gravière aux Jésuites.

MAISON-DIEU D'ESCANCE.

On ne parle pas de la Maison-Dieu d'Escance, dans la Notice sur les Hôpitaux de Verdun publiée il y a quelques années. Cependant elle existait : la preuve est le testament de Mangin Liborne. Une autre preuve est encore l'acte de vente, en 1350, d'une maison « située entre les terres de Henry le « Picard, d'une part, et la terre de la Maison- « Dieu en Escance d'autre part »

Mais de cette Maison-Dieu, je ne connais ni le commencement ni la fin.

MAISON-DIEU SAINT-SAUVEUR.

On dit que Saint-Airy avait de son vivant, non seulement fait bâtir une chapelle dans sa maison paternelle située sur la droite du Moson, mais encore l'avait transformée en asile pour les pauvres infirmes de la Cité. Les clercs, qui y furent établis quelques années après, devaient aussi sans doute prendre soin des pauvres.

Lorsqu'en 1025, l'évêque Raimbert fonda, sur le sol même de la maison de Saint-Airx, le couvent qui prit le nom de ce Saint, il y avait donc là déjà une Hospitalité que sa lointaine origine pouvait faire passer pour la plus vieille institution charitable de Verdun. Mais elle gênait le couvent.

Les moines alors lui cherchèrent un autre emplacement. Ils le trouvèrent de l'autre côté du Moson, « entre les deux ponts du Moson et du Brachieul, « sur la voie publique, au milieu de la Cité, » dans un vaste terrain à eux appartenant. Nous aurons plus tard l'occasion de parler de cet emplacement.

Là, ils construisirent pour leurs pauvres infirmes « une maison en pierres, — *domus lapidea.* » Epithète remarquable, et qui prouve qu'alors presque toutes les maisons de Verdun étaient en bois. Auprès de cette maison en pierres fut bâtie presqu'aussitôt la vieille Eglise Saint-Sauveur.

Ce fut le voisinage de cette Eglise qui lui fit donner le nom de Maison-Dieu Saint-Sauveur. Elle le conserva jusque l'an 1311, où elle prit celui de « Maison-Dieu ou ospitaul de Sainte-Catherine, « deleis Saint-Sauveur. » La cause de ce changement de nom, fut une confrérie, en l'honneur « de

« Madame Sainte-Katherine, » dans la chapelle nouvellement construite « de l'ospitaul. »

C'est celle que nous voyons, aujourd'hui encore inachevée depuis six siècles. Elle porte le caractère du style de l'époque.

En 1338, il y eut un aumônier à Sainte-Catherine.

En 1558, l'évêque Nicolas Psaulme réforma, nous l'avons déjà indiqué, l'Assistance publique, à Verdun.

Dans son *Advis*, qu'il fit adopter par les trois États de la Ville, Clergé, Noblesse et Bourgeoisie, « il pourta le réglement et ordre des hospitaulx de « la Cité de Verdun. Ensemble l'institution de « l'Aulmosne Publicque. »

D'après cet *Advis*, la Maison-Dieu Sainte-Catherine devait servir d'asile aux pauvres non malades; et le produit « de l'aulmosne publicque, » espèce de cotisation payée par tous, lui était affecté.

Mais en 1570, Saint-Nicolas de Gravière disparut comme Hospice ; et Sainte-Catherine, étant assez riche avec les cotisations du Clergé et de la Ville, et avec ses propres revenus qui lui furent rendus, devint Hôpital Général, où tous les infirmes et les pauvres furent réunis.

Mais, vinrent les fatales guerres entre la France et la Lorraine qui durèrent presqu'un demi-siècle. Verdun fut ruiné par les énormes impôts et réquisitions que les Français y levèrent pour l'entretien de leurs troupes. Les villages du Verdunois, frontières des deux puissances ennemies, furent foulés, pillés, ravagés, incendiés par les gens de guerre des deux partis. La misère y fut affreuse ; mais moins affreuse, pourtant, qu'en Lorraine.

Verdun servit de refuge à un grand nombre de paysans chassés de leurs maisons en ruines, mourant de faim, et n'ayant d'autre asile que le pavé des rues. Il fallut créer, pour eux, à l'Isle, un hôpital provisoire, pour lequel le Gouverneur militaire Français frappa l'Evêque, le Clergé et la Ville d'une contribution de six mille francs : deux mille francs chacun.

Alors les cotisations, pour l'aumône publique, cessèrent tout-à-fait ; et l'Hôpital Sainte-Catherine, réduit à ses propres ressources, dût restreindre ses secours, au moment où la misère générale prenait des proportions plus effrayantes.

Ce malheureux état de choses dura de 1620 à 1676, époque à laquelle revint, avec la paix, la prospérité de la Maison-Dieu Sainte-Catherine.

En 1715, les Sœurs de Saint-Charles de Nancy furent appelées à Sainte-Catherine. Elles y remplacèrent, dans le service des malades, une corporation de femmes pieuses et charitables, qui avaient elles-mêmes remplacé les Frères hospitaliers du moyen-âge.

En 1794, le 12 avril, sur l'ordre du représentant du peuple, Mallarmé, de passage à Verdun, les

Sœurs de Saint Charles furent expulsées, et remplacées « par douze citoyennes bien connues par « leur civisme. » Les pauvres furent plus mal ; mais les dépenses furent plus fortes.

En 1802, la chapelle de Sainte-Catherine fut officiellement rendue au culte ; un aumônier y fut nommé ; et les religieuses de Saint-Charles reprirent leurs anciennes et nobles fonctions de servantes des pauvres.

Nous parlerons de l'Aumônerie ou Petit-Hôpital Saint-Jacques, qui a duré peu de temps, à propos de la Prison qui en occupe les bâtiments.

Hôpital militaire du Roi.

Il y eut d'abord un Hôpital Saint-Vincent, au pied de la Roche, destiné à soigner les soldats malades de la garnison française.

Lorsque l'on prit sa grande salle pour servir d'Eglise à la paroisse Saint-Amant, en 1625, on transporta les malades à Sainte-Catherine qui les garda aux frais du Roi, jusqu'en 1689. Mais l'emplacement à Sainte-Catherine était devenu insuffisant ; alors l'administration de l'Hôpital acheta, au prix de 4,800 francs, un vaste hôtel sur la Place-Marché, le fit aménager, et y plaça les militaires malades. C'est cet hôtel, qui existe encore, qu'on appelle *Hôpital du Roi*.

Il pouvait contenir à la rigueur 200 malades. Mais l'emplacement, parait-il, en était malsain, à cause du voisinage du grand bras de la Meuse, le Moson ; il fut supprimé en 1799, et les malades transférés à Saint-Hippolyte, qui les céda à Saint-Nicolas, en 1808.

HOPITAL DE SAINT-HIPPOLYTE.

L'Hôpital de Saint-Hippolyte, qui se trouve à droite en sortant du Pont-Neuf pour aller au faubourg du Pré, n'a pas d'histoire.

Il fut fondé en 1710, par Mgr Hippolyte de Béthume, aidé de quelques membres de son clergé. Bientôt des donations considérables y affluèrent. Il eut, jusqu'à la Révolution, une administration à part.

Il fut Hôpital militaire de 1799 à 1808. En 1844, les hommes malades pauvres, soignés à Saint-Hippolyte, furent transportés à Saint-Nicolas. Et Saint-Hippolyte, depuis lors, reste exclusivement consacré au service des femmes malades.

Sur la façade, le souvenir de son vénérable fondateur est rappelé en lettres de fer : H. D. B. E. E. C. D. V. — *Hippolyte de Béthume, Evêque et Comte de Verdun.*

En 1881, on a parlé de vendre ou de démolir Saint-Hippolyte ; ce projet n'a pas eu de suite.

HOPITAL DE SAINT-NICOLAS-DU-PRÉ.

En 1807, l'administration des Hospices obtint d'échanger les bâtiments de son hôpital du Roi, contre ce qui restait, au Gouvernement, de l'ancienne abbaye de Saint-Nicolas-du-Pré. Elle y fit de nombreuses améliorations, et l'année suivante, elle y plaça les soldats malades, soignés auparavant à Saint-Hippolyte.

Puis, à la suite de nouveaux agrandissements, on reprit aussi, en 1844, au même Saint-Hippolyte, les hommes malades pauvres, et on les transféra à Saint-Nicolas.

Les hôpitaux de Verdun sont desservis par des religieuses de Saint-Charles.

La Charité.

Institution de Dames charitables qui doit son origine « à ces bourgeoises de la Ville, éta-
« blies par Nicolas Psaulme, qui demandaient
« l'aulmosne, par les paroisses, les jours de
« dimanche. »

Elles eurent un règlement et des statuts, en 1639 et en 1665.

En 1691, deux Sœurs de Saint-Vincent-de-Paul furent appelées pour les aider et les diriger.

« Le but de cet établissement est de procurer des
« secours aux pauvres malades de la Ville et des
« faubourgs; »

Ce que font aujourd'hui les Sœurs de Saint-Vincent-de-Paul qui ont remplacé la *Charité*, en 1785.

VI

ANCIENNES ÉGLISES PAROISSIALES

Dans l'histoire de Verdun, l'histoire religieuse est tellement mêlée à l'histoire civile, que nous devons dire un mot des Eglises paroissiales de la Ville.

La Cathédrale.

Le pauvre oratoire chrétien, bâti par Saint Saintin, vers 350, sur la colline, près du *Castrum*, servit de Cathédrale, à ses trois premiers successeurs.

Les Huns ayant détruit Verdun, vers 451, Saint Pulchrône fit construire, dans l'intérieur du *Castrum* cette fois, et sur un terrain à lui appartenant, dit-on, une nouvelle Église, pour remplacer la primitive chapelle de Saint Saintin, dévastée. Il la dédia à la Sainte-Vierge.

Cette Eglise, la première qui fut à Verdun, est restée notre Cathédrale, dix fois détruite et dix fois rebâtie.

Les traditions représentent Saint Pulchrône comme un grand bienfaiteur de la Cité. Le peuple, dispersé par les Huns, se réunit autour de son Evêque, comme, le loup passé, les brebis se réunissent autour du pasteur ; comme, après la

VERDUN

Déposé. — V. Freschard, Edit., Verdun.

Cathédrale

(Vue intérieure)

bataille, les soldats se rassemblent autour du drapeau. Et Verdun fut conservé.

En effet, disons-le en passant, de toutes les villes romaines dévastées par les hordes d'Attila, dans nos contrées, les villes épiscopales *seules*, Metz, Toul et Verdun, se sont relevées de leurs ruines. Quant aux autres, telles que Nasium, Gran, Soulosse, Scarpone, elles sont restées couchées sous terre, ou ne sont plus aujourd'hui que des villages.

Saint Pulchrône mourut vers 470, et fut inhumé, selon l'usage romain, « le long de la voie publique — *juxta viam publicam*, » dit Hugues de Flavigny ; c'est-à-dire le long de la voie romaine, hors du *Castrum*, non loin de l'ancienne Eglise épiscopale. Sur sa tombe, on éleva une chapelle qui plus tard devint l'église Saint-Amand.

La Cathédrale, bâtie par Saint Pulchrône, fut brûlée, avec une partie de la Ville, du temps de Saint Madalvé vers 750. Ce pieux Evêque, ne trouvant aucune ressource dans son diocèse appauvri par les guerres qui signalèrent la fin de la dynastie Mérovingienne, prit le bâton de pélerin, et parcourut toutes les Gaules, sollicitant partout les aumônes des âmes généreuses. Il parvint ainsi à recueillir assez d'offrandes pour reconstruire sa Cathédrale et aider les Verdunois dans leur détresse (1).

(1) *Saint Madalvé* fit aussi le pélerinage de Jérusalem. Il mourut vers l'an 776, soit à Champ-Neuville, près Verdun, soit à Neuville-en-Verdunois, « *ad Novam Villam.* »

Mais cette Cathédrale, produit de la charité était petite et chétive. L'évêque Hatton, usant de son crédit près du roi Lothaire, celui qui donna son nom à la *Lotharingie*, « refit à neuf la tunique de « Sainte-Marie, qu'il avait trouvée en plusieurs « endroits lacérée et déchirée, » dit Bertaire : ce qui veut dire, en langage ordinaire, qu'il remplaça, par une plus belle, la Cathédrale de Saint Madalvé, vieille à peine de cent ans (2).

Cependant, cette « belle tunique de Notre-Dame » ne dura pas elle-même un demi-siècle. Elle fut brûlée en 917, sous l'épiscopat de Dadon. Dans cet incendie, toutes les archives et chartes, conservées au Trésor de la Cathédrale, furent perdues. Le prêtre, Bertaire, très érudit et très savant, les reconstitua de mémoire.

Relevée de ses ruines, notre Cathédrale resta debout jusqu'au siège de 1048, par Godefroid-le-Barbu. Nous avons raconté ce siège et l'incendie qui dévora « la grande Eglise de Sainte-Marie, » ainsi que toute la Ville-Haute : « *Urben quoque* « *Claborum quæ Virdunum dicitur, cum majore* « *Sanctæ Mariæ Ecclesia, incendit.* »

Thierry la rebâtit ; et le Barbu, voulant sans doute faire amende honorable y travailla comme maçon.

(2) L'évêque Hatton bâtit aussi, sur une haute montagne dominant la plaine de Woëvre, la forteresse d'Hattonchâtel qui a pris son nom et qui est restée, jusqu'à Nicolas Psaulme, une forteresse de l'Evêché.

Mais, en 1135, elle fut de nouveau pillée et ruinée par Renauld-le-Borgne, comte de Bar et vouè de Verdun. Il en fit enlever la toiture en plomb, afin qu'ainsi découverte et exposée à la pluie et aux injures de l'atmosphère, elle s'effondrât plus vite.

Albéron de Chiny, l'ayant, comme nous l'avons vu, chassé de Verdun, profita de quelques années de paix, pour reconstruire sa Cathédrale, plus belle et plus vaste.

Son architecte Garin, venu des bords du Rhin, après avoir fait déblayer tout ce qui restait des constructions et reconstructions antérieures, ne conservant probablement qu'une faible portion de la Cathédrale de Thierry, éleva à leur place, un monument d'un caractère original et peu commun, qui existe encore dans toutes ses proportions et son ensemble, quoi qu'il ait été grandement modifié par les siècles suivants.

Contrairement aux traditions de l'architecture française, Garin donna à sa Cathédrale deux chœurs : l'un, à l'extrémité Ouest, plus petit, appelé de tout temps le Vieux-Chœur, probablement en souvenir de la Cathédrale de Thierry; l'autre, beaucoup plus grand, à l'extrémité orientale.

En avant de chacun de ces deux chœurs, il construisit un vaste transept, aussi élevé que la grande nef, ce qui donne, à notre Cathédrale, la forme d'une croix de Lorraine, ou croix à deux croisillons.

A chaque extrémité de chaque croisillon, il éleva une tour carrée qu'il termina par une flèche très haute et très élancée ; de sorte qu'avec ses quatre flèches, deux à chaque extrémité, la Cathédrale ressemblait de loin à un coffre renversé les quatre pieds en l'air : ce qui faisait dire, par ironie, aux Huguenots de 1562, « que bientôt ils redresseraient « ce bahut ».

Au milieu de sa longueur, dans le flanc Nord, se trouvait le grand portail, à la place où il existe encore. C'était, à cette époque, la grande entrée de la Cathédrale ouverte au peuple.

Elle fut consacrée, n'étant point tout-à-fait achevée, par le pape Eugène III, le 11 novembre 1147.

Cette Cathédrale de Garin, que Laurent de Liège appelle « *ingens opus*, » grande œuvre, était du style roman le plus pur, et solide à braver vingt siècles.

Mais vint le triomphe du gothique.

D'abord, on éleva au XIIIe siècle, sur son flanc méridional, une élégante sacristie, ou sacraire. C'est la Sorbonne actuelle, ainsi appelée parce qu'elle a servi de salle pour les Catéchismes.

Après s'être essayé en dehors de la Cathédrale, le gothique attaqua le corps de l'édifice lui-même, et en altéra sensiblement le caractère primitif.

On fit voûter, en ogive, les bas-côtés, dès les premières années du XIV siècle.

Puis, vers 1385, quand le Grand-Rempart fut terminé, Jehan Waultrax ou Waultrec, doyen séculier et premier magistrat de la Cité, prenant à sa solde les ouvriers désormais sans travail, les employa à « voulter » la grande nef qui jusqu'alors ne l'était pas ; et à reconstruire, dans le beau style de l'époque, en suivant toutefois les anciennes fondations, le Grand-Chœur oriental de l'édifice.

L'architecte fut Pierre Perrat dont le nom jusqu'alors presqu'inconnu, devrait cependant passer à la postérité, comme y passent les grandes œuvres dues à son génie ; car il fut également l'architecte de la magnifique Cathédrale de Metz, et de celle, non moins belle, mais plus complète, de Toul.

Telle quelle, notre vieille Cathédrale, sur une hauteur qui domine Verdun et ses environs ; avec sa base romane et ses hautes œuvres gothiques ; avec ses quatre clochers lançant vers le ciel leurs flèches aiguës; et remplissant la ville du bruit sonore de leurs quatorze cloches ; notre Cathédrale, dis-je, avait bel et grandiose aspect.

Mais, ces flèches étaient revêtues de plomb, comme la toiture elle-même de l'édifice était en plomb. Cela pouvait quelquefois, magnifiquement refléter les rayons du soleil ; mais cela devait aussi, tôt ou tard, attirer la foudre.

Ce fut dans la nuit du 2 au 3 avril 1755, que le

feu du ciel tomba sur la flèche Sud-Ouest, c'est-à-dire la plus rapprochée de l'Evêché. De ce clocher, il se communiqua à la toiture et aux autres clochers. Le plomb, mêlé à l'airain des cloches, roula, dit-on, à flots brûlants le long des Gros-Degrés. La voûte de la grande nef fut en partie détruite.

Les réparations se firent immédiatement : mais elles se firent dans le mauvais goût de l'époque. On voulut embellir la Cathédrale : on l'enlaidit !

On rasa d'abord ses quatre clochers ; et sur la base des deux de l'extrémité Ouest, on éleva deux grosses tours carrées, moitié moins hautes que les anciens clochers, telles qu'on les voit aujourd'hui.

Mais ce fut la grande nef surtout et le grand-chœur, qui subirent la transformation la plus complète.

Dans la grande nef, on refit presque complètement les voûtes : on remplaça presque partout l'ogive barbare par le plein cintre classique ; on conserva ce qui restait du roman de l'architecte Garin, mais on lui donna un faux air moderne, en taillant ou grattant les piliers enfin, à la place des élégantes croisées en verres peints, des XIV et XVe siècles, ouvertes sur les toits des bas-côtés, on fit les quatre larges baies, à vitres blanches qui existent encore, et qui jettent la lumière à brassée dans l'Eglise. Pourtant on respecta les bas-côtés.

Au grand-chœur, aussi sous prétexte de lumière,

on enfonça les meneaux et les verrières des belles et légères croisées de Waultrec ; on boucha, avec de la maçonnerie, les ogives ; et on leur donna la courbure du plein-cintre : l'*Almanach des Trois-Évêchés*, pour 1785, appelle cela « les embellisse- « ments du chœur et des deux collatéraux. » Enfin, on fit de notre Cathédrale, un monument sans style, sans unité, sans ensemble ; et malgré cela, très intéressant encore pour les archéologues, dans certaines de ses parties.

Cette restauration fut l'œuvre du Chapitre.

Et cependant, dans cette restauration inhabile et maladroite, des années 1755 et suivantes, quelques détails sont remarquablement beaux : les boiseries du chœur ; la chaire à prêcher, la balustrade en marbre qui règne autour du sanctuaire ; et le riche baldaquin en bois sculpté, soutenu par des colonnes de marbre torses et cannelées. Ce sont là « les mor- « ceaux dignes de l'attention des curieux » dont parle le même Almanach.

On essaie depuis quelques années de rendre, à notre Cathédrale, quelque chose de son antique physionomie. Déjà, en 1852, on a rétabli les me- neaux et les verrières du chœur. On dit que bien- tôt on exécutera les mêmes travaux dans la grande nef.

Le Cloitre, autrefois dépendance de la Cathé- drale, aujourd'hui promenoir du grand séminaire, forme, sur le flanc méridional de la Cathédrale, les trois côtés d'un carré long ; la Cathédrale elle-même forme le quatrième côté.

Un cloître plus ancien existait sur le même emplacement : il en reste encore une arcade romane : la première à gauche en descendant de la sacristie.

Le cloître actuel consiste en 19 larges ouvertures à meneaux, formant arcades, toutes d'un dessin différent. C'est un véritable chef-d'œuvre, du gothique le plus élégant et le plus riche, celui qu'on appelle *flamboyant*.

Il fut construit, de 1509 à 1517, par un ouvrier « masson » de Verdun, « maistre Nicolas, » qui valait bien un architecte. Le Chapitre fut si content de son travail, qu'il fit don, « à la femme de mais-« tre Nicolas, d'un couvre-chief et d'un pellisson ; » c'est-à-dire, d'une coiffure à la mode du temps, et d'un beau jupon garni de fourrures.

Dans les salles, qui s'ouvraient sur tout le parcours de ce cloitre, se faisait tout ce qui constituait encore la vie commune des chanoines : un souvenir du passé ! Là se trouvaient : les salles du Petit et du Grand Chapitre, où les vénérables se réunissaient, délibéraient et réprimandaient ; la Salle des Causes, où Messieurs du Chapitre rendaient la justice aux hommes et aux femmes de leurs terres ; la salle de la Bibliothèque et des Archives, autrefois très riche ; les salles d'Ecole et enfin la prison capitulaire.

VERDUN

Cloître de l'Évêché

Toutes ces salles sont aujourd'hui transformées, soit en sacristie, pour la Cathédrale, soit en salles communes pour le Grand Séminaire.

Dans l'une d'elles, qui fut autrefois la Bibliothèque, puis la Salle Capitulaire, on construisit, vers 1848, la chapelle du Grand Séminaire dont la voûte, en bois verni, est remarquable.

La paroisse des laïcs du cloître de la Cathédrale, c'est-à-dire deux ou trois rues environnantes, était la chapelle de Saint-Jean-Baptiste, derrière le grand chœur. Elle existe encore, en partie du moins, et sert de chapelle aux conférences de Saint-Vincent-de-Paul.

SAINT-PIERRE-L'ENGEOLÉ, OU LANGELÉ.

Cette Eglise, appelée aussi l'Ange Ailé, par l'Almanach des Trois Evêchés, et la Grande Saint-Pierre par les Verdunois, était sous le vocable de Saint-Pierre-ès-Liens ou dans la Géole. On la croyait la plus ancienne paroisse de la Ville et du Diocèse.

Située sur un petit monticule isolé, à l'extrémité Nord-Est du *Castrum*, « *Ecclesia Sancti Petri, in* « *suburbio Virdunensis Castri,* » elle en était séparée par une très étroite vallée qui forme aujourd'hui la rue Saint-Pierre. Elle avait remplacé un fort, construit probablement par les Romains, duquel on voyait encore des restes de murailles, il y a 150 ans.

On y montait par un long et large escalier, dont

les premières marches prenaient au bord de la rue Saint-Pierre. Le cimetière formant comme une haute terrasse, entourait l'Eglise et était séparé de la rue par une muraille.

Cette Eglise, très vieille et très petite, tombait en ruines à la fin du siècle dernier. Elle fut interdite, et les offices religieux se firent dans l'Eglise du Collège. Elle a été démolie en 1793, et le sol converti en jardins. Ces jardins, qui sont à la hauteur des toits, se trouvent derrière les maisons de la rue Saint-Pierre portant les n°s 18 à 28, à droite, en montant.

La paroisse, supprimée depuis la Révolution, a été réunie à celle de la Cathédrale.

SAINT-AMAND.

Cette Eglise, titrée Saint-Amand, doit son origine à un oratoire élevé sur le tombeau de Saint Pulchrône. Autrefois située à mi-chemin de l'abbaye de Saint-Vannes et de la porte Châtel, elle était le centre de la paroisse la plus populeuse de la Ville, car elle comprenait tout ce qu'on appelait le Ban Saint-Vannes, c'est-à-dire Bas-Escance, ou Glorieux, Haut-Escance, le Mesnil et Rue.

« Magnifiquement bâtie au haut du mont Saint-Venne, » l'Eglise Saint-Amand était cependant bien inférieure en beauté et en grandeur, à celle de la riche abbaye sa voisine.

Complétement rasée, en 1625, pour creuser les

fossés et construire les remparts du front de la citadelle en face de la ville, on fit pendant 140 ans, les offices paroissiaux dans une vaste salle de l'Hôpital militaire de Saint-Vincent, au pied de la Roche, à l'entrée de Rue, près du pont des Raines, (grenouilles,) qui depuis a pris le nom de pont Saint-Amand.

Par suite de cette construction de la citadelle, les habitants du Ban Saint-Vannes furent dispersés ; les faubourgs de Haut-Escance et du Mesnil furent détruits, et la paroisse Saint-Amand disloquée.

Elle n'était plus composée, en 1680, que des quelques familles qui avaient obtenu de rester à la citadelle ; de la rue de Rue ; de Glorieux, reste de Haut et Bas-Escance ; et de Jardin-Fontaine, Regret, Baleicourt, Frana, faubourgs « que l'on a « en partie bâtis depuis que la citadelle a été « construite dans le lieu où étaient les plus belles « maisons de cette paroisse » dit Roussel.

En 1765, on put enfin construire une Eglise, sur l'emplacement de la salle de l'Hôpital Saint-Vincent, lequel n'existait plus depuis longtemps. Mais on ne bâtit qu'une espèce de halle. On la voit encore aujourd'hui, au pied de la Roche : elle sert d'écurie et de magasin à avoine pour les chevaux d'une partie de la garnison. L'art n'a rien perdu à cette transformation. Le clocher a été démoli en 1794.

Aujourd'hui paroisse supprimée, et réunie à la Cathédrale.

SAINT-MÉDARD.

Nous avons raconté, en parlant de l'abbaye de Saint-Maur, l'origine de l'Eglise paroissiale de Saint-Médard : comment elle devint Eglise de Saint-Maur ; et comment « le nom de Saint Médard « passa à une autre Eglise bâtie tout auprès. »

Cette nouvelle Eglise devint vieille à son tour : du reste, « elle était basse et obscure, dit Roussel; « elle fut rebâtie vers 1720 par les soins du curé de « cette paroisse qui engagea les Religieuses de « Saint-Maur et ses paroissiens à l'aider dans cette « dépense. »

Mais, à cette Eglise on ne laissa pas, cette fois, le temps de vieillir. Elle fut vendue en 1793, aussi bien que sa voisine de Saint-Maur. On les abattit toutes deux, soit pour dégager l'entrée de la Ville à la porte de France ; soit pour percer la nouvelle rue Saint-Maur, soit enfin pour tracer de nouvelles routes longeant le rempart et allant vers les Capucins.

Il ne reste absolument rien de Saint-Médard que le terrain parfaitement aplani, où est aujourd'hui un square. Ce square, sur le flanc de Saint-Maur, et les routes qui l'entourent, occupent la place de l'Eglise et du cimetière. On a encore enterré dans le cimetière Saint-Médard, jusque vers 1808.

Il y avait, en 1255, devant le presbytère de

Saint Médard, « un pont de Glorieux » sur la Scance, disent les titres de Saint-Maur.

Belleville faisait autrefois partie de la paroisse Saint-Médard.

Aujourd'hui la paroisse de Saint-Médard est réunie à la Cathédrale.

SAINT-SAUVEUR.

Jusque l'an 1086, les habitants d'Emmi-Ponts, (entre les Ponts, rue de l'Hôtel-de-Ville,) de la Grande-Rue, (rue Saint-Sauveur), de la Place Marché et des rues voisines, allaient aux offices dans l'Eglise Saint-André et Saint-Martin, de l'autre côté du Moson. Mais quand le couvent Saint-Airy fut construit, les offices religieux de la paroisse génèrent ceux des moines. Alors Thierry-le-Grand songea à la doter d'une Eglise.

L'emplacement choisi, — et ici nous citons une charte de l'évêque Richer, successeur de Thierry-le-Grand, charte relative à la fondation de cette Eglise et de laquelle nous avons déjà parlé, datée de 1093, — l'emplacement choisi fut un terrain, appartenant au couvent Saint-Airy lui-même, situé « entre les deux ponts de pierres qui sont sur « les deux cours de la Meuse, proche de la voie « publique qui passe au milieu de la Cité et qui « vient du Chastel, et tout près de la porte de « l'Eglise de la maison en pierres des infirmes, « nouvellement bâtie. »

Cette Charte nous suggère quelques réflexions.

C'était donc à cette époque, chose rare à Verdun, nous l'avons déjà dit, que les constructions en pierres, puisque l'évêque Richer note, et la maison des infirmes, qui fut depuis Sainte-Catherine, et les deux ponts qui sont sur les deux bras de la Meuse, comme *bâtis en pierres*.

« Ces deux ponts de pierres » étaient, le pont Saint-Airy, sur le Moson, et le pont sur le Brachieul, alors cours d'eau beaucoup plus considérables qu'ils ne le sont aujourd'hui.

Le vieux pont Sainte-Croix, qui avait toujours été en bois, a été démoli et reconstruit en pierres, en 1782. Il a coûté alors 40.000 francs, moitié payé par la Ville, moitié par l'administration des Ponts et Chaussées.

Cette partie de Verdun où fut construite l'Eglise s'appelait *la Cité*, aussi bien que la Ville-Haute ; tandis que le quartier Saint-Victor, qui en est voisin, n'était encore que faubourg.

Enfin, l'expression « *juxta viam publicam*, proche de la voie publique, » que nous avons déjà rencontrée dans Hugues de Flavigny pour désigner le lieu de sépulture de Saint Pulchrône, et que nous retrouvons ici reproduite par l'évêque Richer, cette expression indique le tracé de l'antique Voie Romaine, qui seule alors méritait le nom de *Via Publica*, et qui, nous l'avons dit, traversait Verdun dans toute sa longueur.

Ainsi, la nouvelle Eglise, bâtie par Thierry, se

trouvait à droite en allant à Saint-Victor, sur la rue, près de la porte de l'Eglise de l'hôpital Sainte-Catherine, entre les ponts du Brachieul et de Saint-Airy.

L'évêque Thierry, se sentant mourir, n'attendit point qu'elle fut complètement achevée pour la faire consacrer par son ami, Henry de Verdun, évêque de Liège. La cérémonie eut lieu le 2 avril 1089. « Quant à lui, il était couché sur son lit « de douleurs duquel il ne se releva pas » dit la charte de Richer.

Cette Eglise, dédiée à la Sainte-Trinité sous le vocable du Christ-Sauveur, était vaste, mais lourde et basse, avec ses trois nefs romanes. La grande nef prenait jour par dessus les bas-côtés, au moyen d'étroites fenêtres à plein cintre. Son chœur, orienté à l'Est, donnait sur la rue, mais en retrait. Il en était séparé par le cimetière. Le grand portail était à l'Ouest. Un autre petit portail ouvrait dans le flanc méridional de l'édifice.

Vieille et humide, elle fut vendue en 1794; démolie en 1806, par l'administration des Hospices qui en était devenue propriétaire, à la suite d'une donation.

Le terrain en est resté non bâti et converti en jardin. C'est le jardin voisin de la chapelle Sainte-Catherine, donnant sur la rue.

La vieille Saint-Sauveur était la grande et aristocratique paroisse de Verdun. D'elle dépendaient tous les quartiers de la ville situés entre les deux grands bras de la Meuse de chaque côté du Brachieul, ainsi que le faubourg Pavé, et Belleray.

SAINT-PIERRE-LE-CHEVRIER.

Tous les actes anciens appellent, cette Eglise, Saint-Pierre-le-Chevrier, *Sanctus Petrus Caprarius*, sans doute parce qu'elle fut construite dans des terrains, primitivement vagues et broussailleux où les chèvres allaient brouter en liberté.

« *Discreti et honorabilis viri*, dit un titre de « Saint-Maur au XIII⁰ siècle, *dominus Pontius cura-* « *tus Sancti Petri Caprarii, et decanus christianitatis* « *civitatis Virdunensis, et frater Nicolaus Michiel.* « *prédicator de Sancto Michaeli.* »

De Chevrier on a fait Chevril ; puis Chéri ; puis Chairé (*Cathédratus*); puis enfin on a dit la Petite Saint-Pierre, pour la distinguer de Saint-Pierre l'Engéolé, qu'on appelait aussi la Grande Saint-Pierre. Nos anciens désignaient encore ainsi l'emplacement de ces deux Eglises.

L'Eglise Saint-Pierre-le-Chevrier était située sur la rive droite du Moson, tout de suite à gauche après avoir passé le pont Saint-Airy, avant la montée de Saint-Victor.

Elle était petite, basse, pauvre et chétive. La paroisse était peu populeuse, et composée à l'origine, de gens peu fortunés, qui avaient peut-être donné pour surnom, au patron de leur

Eglise, le nom de la modeste profession qu'ils exerçaient.

Ce furent les Bénédictins de Saint-Mihiel qui firent bâtir Saint-Pierre-le-Chevrier. Ils lui donnèrent probablement ce nom de Saint-Pierre, parce que Saint Pierre était un des patrons de leur abbaye.

En 1185, l'abbé Lanzo céda son droit de nomination du curé, au Chapitre de la Cathédrale, à condition que lui et son chapelain seraient hébergés gratuitement chaque fois qu'ils viendraient à Verdun.

En 1464, nouvel arrangement relatif à Saint-Pierre-le-Chevrier. « Wari de Laval, humble abbé « de Saint-Mihiel, » cède à l'abbaye de Saint-Airy, les dîmes qu'il possédait à Saint-Victor, moyennant quoi la dite abbaye de Saint-Airy « était tenue « de réparer et d'entretenir, à toujours jamais, la « nief de l'Eglise parochiale de Saint-Pierre-le-Chevril. »

C'était à cause de ces dîmes sans doute que l'abbaye de Saint-Mihiel était, au vieux temps, chargée de l'entretien d'une partie des remparts de notre Fermeté.

L'Eglise Saint-Pierre-le-Chevrier fut démolie en 1791, et la paroisse réunie à Saint Victor. Le cimetière était sur le flanc de l'Eglise et donnait sur l'eau. Il n'en reste rien que le nom de Saint-Pierre donné à la Place où elle fut, et au pont qui est en aval sur le Moson, près du moulin Saint-Airy.

SAINT-VICTOR.

Ce fut l'Eglise dédiée à Saint Maurice et à Saint Victor qui donna, dès les premiers siècles du Christianisme, à Verdun, le nom de Saint-Victor à ce quartier de la Ville qu'on appelait *faubourg*, aux temps anciens : « *Ecclesia Sancti Victoris, in suburbio Virdunensi,* « dit une charte de 980. «*Ad suburbium extramuranum Ecclesia, Sancti Victoris* » dit Hugues de Flavigny, en 1100.

L'Eglise Saint-Victor fut toujours probablement située à l'extrémité de la Ville, près de la sortie de la Voie Romaine. L'édifice actuel date du XVe siècle. Il est peu élevé ; n'a qu'une nef latérale ; et quoique gothique, n'offre rien de remarquable.

Voûte restaurée en 1762 ; portail et clocher construits en 1840, dans le mauvais goût de l'époque, et point du tout en harmonie avec le reste de l'Eglise.

Conservée comme magasin pendant la Révolution, elle fut rendue au culte en 1801, et resta Eglise de la paroisse Saint-Victor. Cette paroisse fut alors augmentée de celle de Saint-Pierre-le-Chevril, et de la partie de la vieille Saint-Sauveur qui se trouvait entre le Moson et le Brachieul.

Dans cette Eglise, se trouve la fameuse statue, dite de la *Vierge de Saint-Victor*.

« Elle est dans une chapelle, en l'honneur de

« Nostre-Dame, qui a été construite, en mémoire de
« la délivrance de Verdun, dit Roussel. On assure
« que la statue de la Sainte-Vierge, posée sur l'au-
« tel, est la même que celle qui était sur la *porte de*
« *la Ville*, lorsque les Novateurs du XVIe siècle
« furent mis en fuite par sa protection. »

Cette statue se trouvait sur la *porte Saint-Victor*,
comme il y en avait du reste sur toutes les portes
de la Ville, en dehors.

Or, la croyance populaire veut que, pendant que
les Huguenots attaquaient Verdun, dans la nuit du
2 au 3 septembre 1562, les Magistrats soient allés
s'agenouiller à ses pieds, implorant le secours de
la Vierge, patronne de la Cité dont ils lui présentèrent les clefs sur un plat d'argent, comme on le
ferait à une Reine ; et qu'alors la Vierge, animant
pour un moment sa statue, inclina la tête afin de
les recevoir.

Un vieux tableau, que j'ai vu au presbytère de
Clermont-en-Argonne, représente cette scène.

Lorsqu'on démolit, en 1685, la porte Saint-
Victor et les deux tours gemelles qui étaient au
dessus, on dût aussi enlever, de la niche où elle
se trouvait, la statue de la Vierge qui rappelait aux
Verdunois de si patriotiques souvenirs ; et on la
plaça dans une chapelle de l'Eglise Saint-Victor.

Elle disparut à la Révolution, cachée par des
mains pieuses ; mais, en 1807, elle fut reportée, en
grande cérémonie, sur son autel.

Cette statue habillée n'a absolument rien d'artistique. C'est un bloc de pierre dans lequel le ciseau d'un sculpteur novice a taillé la tête d'une Vierge, et celle de l'Enfant Jésus qu'elle porte sur son bras droit.

Mais, aux yeux du peuple Verdunois, elle est plus précieuse qu'aucune œuvre d'art ! Elle est le Palladium de la Cité ! Elle, ou mieux la Vierge qu'elle représente, a sauvé notre Patrie... Car pour nous, en 1600, Verdun était encore l'unique Patrie ! Elle a sauvé notre Patrie ! Et devant Elle, cinq siècles se sont mis à genoux !

SAINT-OURY.

Paroisse minuscule pour les quelques laïcs du cloitre, ou Cour de la Magdelène, établie d'abord dans une chapelle, devant le portail de l'Eglise de la Collégiale. Puis quand cette chapelle, tomba en ruines, vers 1550, transportée dans une crypte de l'Eglise elle-même : crypte souterraine, par rapport à la place, mais ouvrant par ses croisées au dessus des maisons de Mazel, à peu près en face de la rue du Saint-Esprit.

SAINT-ANDRÉ-DU-PRÉ.

Paroisse d'aussi minime importance que Saint-Oury, établie dans une chapelle de l'abbaye Saint-Nicolas-du-Pré, pour les quelques habitants du voisinage ; et, plus tard, pour les soldats du quartier de cavalerie.

VII

MONUMENTS & CURIOSITÉS DE VERDUN

Nous avons précédemment parlé du Cloître de la Cathédrale, qui est une des curiosités du vieux Verdun.

Pont-a-Gravière ou de la Chaussée.

Primitivement, Verdun n'eut point d'autres ponts que ceux que les Romains avaient jetés sur la Meuse, pour y faire passer leur Voie, c'est-à-dire les ponts qu'on a depuis appelés Sainte-Croix, Brachieul et Saint-Airy.

C'est sur l'un des trois ponts, le pont Sainte-Croix très probablement, qu'eut lieu le crime qui causa la mort de la fille de Deutérie. Deutérie, maîtresse de Théodebert Ier, roi d'Austrasie, craignant en sa fille une rivale future, la fit précipiter dans la Meuse. « Cela arriva dans la Cité de Ver-« dun. — *Hoc apud Viridunum civitatem actum* « *est* » dit Grégoire de Tours.

Vers l'an 980, aussitôt après la construction de leur abbaye, les moines de Saint-Paul construisirent, « devant la porte du monastère un pont sur « la Meuse, — *ante portam monasterii in Mosâ* « *pontem.* » Ce pont, qui était en bois, leur permettait de franchir le fleuve sans venir passer par l'ancien pont, au pied du *Castrum*. Mais il dura à peine un demi siècle, et fut emporté par les eaux. Il se trouvait à peu près à 200 mètres au-dessus du pont de la route militaire, construit vers 1880.

Enfin, vers l'an 1140, le riche et généreux Constantius, duquel nous avons déjà parlé, commença la série de ses œuvres d'utilité publique, par la construction d'un nouveau pont.

Un peu en aval du point où tous les bras de la Meuse réunis ne forment plus qu'un seul cours d'eau, le fleuve coulait paresseusement, très large, mais peu profond, sur un lit de galets ou de graviers. Aujourd'hui, puissamment endigué, il est moitié moins large, mais trois fois plus profond. Constantius fit d'abord jeter, sur toute cette largeur, un grand pont de bois qui, faute d'habiles ouvriers ou de matériaux convenables, fut emporté à la première crue de la Meuse.

Le généreux donateur le fit aussitôt réparer; mais, pour les mêmes causes sans doute, ce nouveau pont eut le sort du premier.

Alors Constantius, obstiné dans le bien comme d'autres le sont dans le mal, et voulant à tout prix, malgré les éléments, être utile à ses concitoyens, s'adressa à l'architecte Garin qui alors bâtissait la Cathédrale, et avec lequel il s'était lié d'amitié.

Garin mit sa science au service de son noble ami, car la noblesse vient du cœur et non point de la naissance. La Cathédrale terminée, il amena, aux bords de la Meuse, ses plus habiles ouvriers, et « étendit, en un lieu sablonneux, un pont en « pierres sur toute la largeur du fleuve : — *Pon-* « *tem in loco arenari... saxo ouper Mosam extendit.* »

Des ponts en pierre, nous en avions déjà deux, « *duos pontes lapideos,* » l'un sur le Brachieul, et l'autre sur le Moson ; mais c'étaient là des petits cours d'eau. Cette fois, et ce fut une difficulté pour l'époque, difficulté qui serait nulle aujourd'hui, cette fois c'était sur la Meuse tout entière, dans une largeur de 200 pas au moins, que l'architecte Garin avait osé jeter un pont de cette sorte : un magnifique pont de pierres, solide pour des siècles, et capable de braver l'action du temps et des eaux.

Ce pont fut d'abord appelé Pont-à-Gravière, à cause du terrain de sable et de grève où il fut établi ; puis, de Dame-Deie, (*Domus Dei,*) quand la Maison-Dieu Saint-Nicolas fut bâtie ; et enfin de la Chaulcie ou de la *Chaussée*, nom qui lui est resté.

Un nouveau bienfait de Constantius lui valut ce nom.

Au bout du pont, le terrain donnant sur la campagne, était bas, presqu'à niveau de la Meuse, et par conséquent souvent inondé. Constantius y établit une longue chaussée qui pût servir de chemin aux voyageurs, en même temps que de digue contre les eaux. C'est « la Chaulcie fuers Verdun. »

Cette chaussée, qu'il fit paver, donna le nom qu'il porte au faubourg Pavé dont l'origine date de cette époque, et dont les premières maisons furent construites sur ses bords. En 1601, la ville fit refaire le pavé, et continuer la Chaussée jusqu'à Saint-Urbain, ancienne dépendance des chevaliers de Malte qui se trouvait à peu près à 2.000 pas du pont, à droite sur la route d'Etain en allant (1).

Nous avons parlé de l'autre œuvre de bienfaisance, qui mit le comble aux libéralités de cet insigne bienfaiteur de notre Ville : ce fut la fondation, pour les pauvres, de l'hôpital Saint-Nicolas-de-Gravière.

Depuis lors cet Hôpital disparut ; mais un autre établissement d'utilité publique le remplace. Depuis lors aussi, la Chaussée de Constantius a été bien des fois rechargée à ne pas la reconnaître ; et plus d'un pont a succédé à son grand pont de pierres qui dura pourtant jusqu'au XVIe siècle ! N'importe : le souvenir de ce grand citoyen devrait éternellement durer dans le cœur des Verdunois !

Constantius et Officia furent inhumés à la Cathédrale.

TOUR DE LA CHAUSSÉE.

Pareille reconnaissance est due à Jehan Waultrec, « Citain et Doyen de la laie (séculière) justice de Verdun » ; c'est-à dire le premier magistrat de la Cité, que nous avons déjà indiqué comme le principal bienfaiteur de la Cathédrale, lors de sa restauration, à la fin du XIVe siècle.

(1) On dit, au faubourg *Saint-Orban*. C'est aujourd'hui la maison habitée par M. Victor Remy.

Porte-Chaussée (1888)

Il était fils d'un drapier, « *drapperius*, » et probablement drapier lui-même. Nous n'avons plus de *marchands* de cette taille ! Comme Constantius, un autre *marchand*, il était sans lignée directe ; et comme lui aussi il était opulent, et faisait de sa fortune un magnifique usage.

Il mourut en 1394, et fut enterré à la Cathédrale, auprès de son père. Ces marchands drapiers étaient représentés sur leurs tombes, couchés sur le dos, en habit de guerre, et les mains croisées sur une longue épée de combat qu'ils tenaient entre leurs jambes !

Ce fut sous la longue et habile administration de Waultrec, que la *Commune* obtint la plénitude de sa liberté, dont elle usa pour faire construire la première grande enceinte de Verdun, appelée le Grand-Rempart. Nous en avons parlé.

Dans cette œuvre quasi colossale pour une ville de l'importance de Verdun, ce *marchand*, ce bourgeois, voulut laisser à ses concitoyens, un impérissable souvenir de sa générosité.

Au point où, sur la rive gauche de la Meuse, se terminait l'ancien Petit-Rempart prolongé, et où devait commencer le Grand-Rempart nouveau ; en tête du pont de la Chaussée, du côté de la Ville, Waultrec fit élever, à ses frais, une belle et haute tour géminée; plus belle et plus haute que les vingt-cinq ou trente autres qui, s'élevant au-dessus de nos remparts ou dans l'intérieur de la Ville, rendaient alors, avec ses nombreux clochers, la vue de Verdun si pittoresque.

Cette tour devait relier les deux remparts, servir à la défense, et faire à la Ville une entrée monumentale.

Il est vrai, que du côté de la Ville, la tour de Waultrec ne présente à l'œil qu'une masse énorme, irrégulière et noire, de maçonnerie qui semble vouloir écraser, de sa hauteur et de son poids, les maisons voisines.

Mais, vue du côté de la campagne, en entrant à Verdun, son aspect est vraiment imposant et majestueux, avec sa couronne de créneaux, sa bordure de machicoulis en saillie, et ses deux grands bras où naguère encore pendaient les chaines du pont-levis.

Enfonçant profondément sa base dans le lit de la Meuse, elle développe, sur une hauteur de près de 60 pieds, les harmonies et les rondeurs de sa dualité ; et elle donne accès aux voyageurs, entre les deux tours gemelles, par une porte massive ouvrant sous une voûte où l'on voit encore une lourde herse qui montre ses dents aigues et revêtues de fer, au-dessus de la tête des passants.

En 1690, la Tour de la Chaussée avait déjà 300 ans d'existence; on s'aperçut que la gemelle de gauche, en entrant, prenait charge et fléchissait considérablement. La Ville, quoique les fortifications ne lui appartinssent plus, en restait propriétaire.

Elle fit alors démolir la partie qui menaçait ; en fit numéroter les pierres, et la fit rebâtir, avec les mêmes matériaux, identiquement pareille à ce qu'elle était. Seulement l'entrée en fut modifiée ; et au lieu de l'arcade ogivale qui existait, on construisit, suivant le goût de l'époque, l'arcade à plein-cintre et le fronton actuels.

En 1754, la Ville, probablement pour être déchargée de son entretien, abandonna la Tour de la Chaussée au Gouvernement qui avait besoin d'une prison militaire. Elle resta prison militaire jusque vers 1860.

Vers 1880, l'autorité militaire trouva que le passage sous la voûte de la Tour n'était point assez large pour donner issue aux troupes, en cas de presse ou de guerre.

Le Génie eut la pensée d'ouvrir une seconde porte dans la gemelle de gauche, celle qui avait été reconstruite. On songea même, dit-on, à jeter bas la Tour !

La population s'émut d'un tel projet ; les journaux de Verdun protestèrent ; des réclamations furent faites... et la Tour de la Chaussée fut conservée.

Mais on supprima le pont-levis ; on remblaya le pied de la Tour jusqu'au niveau du tablier du pont Chaussée, ce qui lui fit perdre de sa hauteur ; on élargit, des deux côtés, l'extrémité du pont désormais immobile ; et enfin, on ouvrit aux troupes, dans le rempart voisin, un large passage donnant sur le pont élargi.

Ce fut alors, et pour éviter à l'avenir d'autres dégradations, que d'heureuses influences, renouvelant un vœu formulé, il y a 25 ans, je crois, par feu M. Amant Buvignier, au Congrès archéologique de Châlons-sur-Marne, obtinrent que notre Tour Chaussée fut classée comme *monument historique*. Nous donnons une vue de la Tour de la Chaussée.

HÔTEL-DE-VILLE.

La Ville de Verdun, dans les premiers siècles de son existence, avait sa *Curie romaine*, son *Sénat*, sa *Municipalité* pour me servir d'un mot romain modernisé, qui s'occupait de toutes ses affaires intérieures, à peu près comme s'en occupent les Conseils municipaux actuels. Seulement, ces anciennes municipalités jouissaient d'une liberté entière, absolue : tandis que la *Municipalité* moderne est en tutelle, étant considérée comme *mineure*.

Où notre vieille *municipalité* tenait-elle ses séances ? On l'ignore : mais, vers l'an mil, ce fut probablement à Sainte Croix. Puis, quand cette municipalité, réunissant dans ses mains tous les *pouvoirs publics*, devint *Commune*, elle continua à faire de Sainte-Croix le siège de sa vie nouvelle. Sainte-Croix fut le Capitole Verdunois.

Pourtant, lorsque le peuple était « ameuté (1) »

(1) De là le nom de *Mute* donné à certaines cloches. La vieille et grosse cloche de Metz a conservé ce nom.

VERDUN

Déposé. — Freschard, Edit., Verdun.

Hôtel-de-Ville

(Vue Intérieure)

rassemblé au son de la cloche du beffroi, pour être consulté, il l'était presque toujours dans une Eglise, sous le porche de Notre-Dame, « *in porticu Eccle-* « *siæ Sanctæ Mariæ,* » ou dans un cloître de couvent quelconque : à Saint-Paul ou à « Saint-« Venne. »

Cet état de choses dura jusqu'à la fin du XIVe siècle. Alors on songea à séparer le corps *judiciaire* du corps purement *administratif* de la Ville.

La *Commune* en effet était devenue *aristocratique;* et les riches Citains, ayant de belles habitations, voulurent avoir une *Maison Commune* digne d'eux. Du reste, la mode était aux splendides Hôtels-de-Ville.

Les juges restèrent à Sainte-Croix : mais, le Gouvernement civil et politique de la Ville s'installa « à la maison Montaulbain, » achetée en 1388 « pour tenir les conseils de notre dite Citéi, et les « aultres proufits et exploits d'icelle. »

Cette maison Montaulbain était « sise à la « montée de Chastel, « appuyée au vieux rempart du Castrum ; et, par sa façade, ayant vue sur la place Mazel : le bout de Mazel n'était point encore bâti.

Elle avait son beffroi ; car toute ville du Moyen-âge avait son beffroi, où se trouvait le bourdon populaire ou la *Mute*. Celui de Montaulbain pesait 4.688 livres ; elle avait son beffroi, flèche haute et aigue, entourée de clochetons et surmontée de la double aigle allemande, aux ailes éployées, qui servait de girouette (1). Ce beffroi, conservé avec soin par la Ville, comme un vieux témoin de son indépendance au temps passé, fut démoli en 1760. Il tombait en ruines.

En même temps qu'elle servait d'Hôtel-de-Ville, la Maison-Montaulbain servait aussi de prison civile; et elle resta prison jusqu'en 1811. D'où est venu à la rue, le nom de rue de la Vieille-Prison (2).

Mais, le voisinage des prisonniers n'était pas chose gaie, d'autant plus qu'il y avait là une salle pour la torture ; et puis la Maison-Montaulbain se faisait vieille.

La Ville acheta l'Hôtel actuel.

Cet Hôtel fut bâti en 1625 : c'est la date gravée sur l'une de ses hautes fenêtres. Il le fut probablement par un sieur Japin, de Verdun, qui avait fait sa fortune dans l'entreprise de la fourniture « des « pouldres et salpettres pour l'armée du Roy. »

(1) L'Aigle est très visible dans la vue de Verdun, par Pierre-Jacob, en 1591. Mais elle a disparu, en 1669, dans celle d'Israël-Sylvestre, et est remplacée par un drapeau

(2) Il reste de la Maison-Montaulbain : dans une cour, un pan de muraille où on voyait encore, il y a 20 ans, des vestiges de portes et de fenêtres ogivales ; et dans les caves, quelques gros anneaux de fer scellés au mur, auxquels on attachait les prisonniers.

Des maisons particulières sont construites à la place; elles portent les n°˙ 5, 7 et 9.

Dans la pensée du constructeur, cette belle habitation, qui est un petit palais en miniature, devait-elle servir de refuge à Marie de Médicis, mère de Louis XIII, ennemie mortelle de Richelieu, et à la longue vaincue par le tout puissant Cardinal? On le croit généralement à Verdun ; et peut-être cela est-il vrai. Japin devait être lié avec Marillac alors gouverneur de Verdun, et Marillac conspirait contre Richelieu... Quoiqu'il en soit, la Reine-Mère se sauva en Belgique, 1631 ; et Louis de Marillac porta sa tête sur le billot, 1632.

Japin laissa sa maison à ses héritiers ; et elle vint par héritage d'un sieur François Japin de la Tour, chanoine et doyen du Chapitre de la Cathédrale, à la marquise de Boudeville, veuve du marquis de Boudeville, maréchal de camp des armées du Roy.

La marquise la loua d'abord à la Ville, moyennant cent écus, pour y loger le lieutenant du Roy, sous-gouverneur de Verdun; puis la vendit aux moines de Châtillon, en 1736. Ceux-ci la cédèrent, non sans difficultés, l'année suivante, à la Ville qui leur remboursa le prix d'achat, c'est-à dire 18.000 francs !

Le corps municipal s'y installa solennellement le 6 février 1738. Depuis lors, il ne l'a point quittée.

Cet Hôtel est formé d'un corps de bâtiments, reliant deux ailes qui donnent sur la rue et font cour intérieure ; car ces deux ailes elles-mêmes se relient entre elles par une terrasse en pierre, avec balustrade. Des sculptures, ménagées avec art, en ornent les murs, surtout dans la cour ; et là où il n'y a pas de sculpture, les pierres sont en saillie, de deux l'une, et à arêtes émoussées.

Mais au fronton de l'édifice, dans cette cour, il manque une ornementation quelconque qui existait autrefois. Pourquoi ne pas y placer les *Armes* de la Ville, non la fleur de lys, mais celles qui se trouvent sur le vieux sceau Verdunois : *Civitas Virdunum* ?

La façade sur le jardin, avec son grand escalier, son haut perron à balustrade, en pierres, est de toute beauté ! mais le public ne la connaît pas.

Somptueux sans être très vaste, notre Hôtel-de-Ville a un air à la fois coquet et sombre qui tient peut-être à ses vieilles murailles noircies par le temps. Moins grand que l'Evêché, il a plus de caractère, et, dans son genre, il est beaucoup plus beau.

S'il n'a pas été bâti par Marie de Médicis, l'architecte qui l'a construit, s'est au moins parfaitement inspiré des règles du style auquel cette Reine a donné son nom.

Musée.

Nous ne pouvons parler de l'Hôtel-de-Ville, sans dire un mot du Musée qui en est une annexe.

Il y a 28 à 30 ans, la Ville possédait, avoisinant immédiatement son Hôtel, un terrain où se trouvaient les bâtiments de l'ancienne Douane. Elle fit démolir cette vieille construction.

Hôtel-de-Ville

(Vue du Jardin)

Mais, au lieu de déblayer ce terrain, de dégager ce côté de l'Hôtel-de-Ville, et de livrer au public le jardin dont on aurait fait une très agréable promenade, projet qui était dans l'esprit de beaucoup de Verdunois, on accola, au flanc de l'Hôtel, un bâtiment qui ne lui ressemble nullement et qui pourtant paraît ne faire qu'un avec lui, car il n'a pas d'entrée sur la rue. Il faut en aller chercher la porte bien loin, dans l'intérieur de l'Hôtel-de-Ville. On se plaint même aujourd'hui de l'exiguité du Musée.

Aussi, rien n'indiquant que le Musée soit là, malgré l'inscription que personne ne voit, la porte surtout en étant cachée au public, les étrangers ne le connaissent point et ne le visitent pas.

Cependant, il mérite l'attention des curieux.

L'Histoire naturelle y est représentée dans toutes ses branches : riche collection d'oiseaux, et de tout ce qui touche l'ornithologie; animaux rares de tous pays ; papillons et insectes de toutes les espèces ; échantillons de bois de toutes sortes ; et minéraux de toutes formes, etc.

L'Archéologie y tient aussi une très grande place : collection de médailles des plus complètes, comprenant surtout toutes les monnaies Lorraines et Verdunoises ; vieilles armes; vieilles tombes ; vieux ossements; vieilles sculptures; vieux débris de statues ; souvenirs Gallo-Romains et Franks; vieilles faïences même ; etc. Tout cela, ou à peu près, trouvé dans le pays.

Enfin, il y a quelques belles toiles des maîtres anciens et modernes.

Sous-Préfecture & Palais de Justice.

Lorsque les moines furent chassés de Saint-Paul, le Gouvernement conserva les bâtiments de l'abbaye, mais il fit raser le logement de l'abbé qui se trouvait isolé sur la place Saint-Paul, à côté de la Procure qui fut conservée et qui est aujourd'hui l'hôtel de la Cloche d'Or.

Ces deux bâtiments étaient en face du couvent. La place était fermée et faisait cour ; la grande porte d'entrée de la cour ouvrait sur la rue du Collège ; et pour aller de cette rue à la caserne, il fallait prendre un détour et passer par la rue Basse-Saint-Paul.

Le couvent fut ensuite partagé en deux portions : d'un côté, la Sous-Préfecture, en 1805 ; et de l'autre, le Palais de Justice.

Sous-Préfecture. — En avant, la cour où se trouvait autrefois l'Eglise. Au fond de la cour, la porte d'entrée donnant sur un vaste vestibule et un bel escalier. A gauche du vestibule, la loge du concierge, où se trouve une cheminée monumentale, en pierre sculptée, représentant le sacrifice d'Abraham. A droite, le cabinet du Sous-Préfet, jolie pièce voûtée qui devait servir à un haut dignitaire du couvent ; puis les bureaux de la Sous-Préfecture et la salle des archives, grande salle style renaissance, à colonnes centrales, aux larges croisées ouvrant sur le jardin, qui était autrefois le réfectoire des moines ; puis enfin, en continuant, la salle d'adjudication qui n'a été voûtée qu'en 1854, et qui servait de salle capitulaire.

Le Palais de Justice occupe le monastère proprement dit. Beau bâtiment, moitié briques et moitié pierres, dont la Sous-Préfecture semble être une aile. Là, étaient les cellules des moines qui ont été appropriées à leur nouvelle destination, et le cloître qui sert de salle des Pas-Perdus.

Porte d'entrée principale, avec perron, aujourd'hui comme autrefois, à l'Est, sur la place. Au fronton de cette porte, une inscription datant de l'époque, qui rappelle la primitive destination de l'édifice : « *Sanctis Paulo Apostolo et Paulo Vir-* « *dunensium antistiti,* 1596.

Casernes.

Verdun ne logea de militaires que quand il eut une garnison française, en 1552. En 1599, ordre fut donné par le Roy « à tous bourgeois, habitants « et manants, de faire incontinent bâtir et dresser « en leurs maisons, chambres à cheminées, pro- « pres et commodes pour loger gens de guerre de « la garnison. » Messieurs du Magistrat visiteront de temps à autre ces logements militaires.

Pour les chevaux de la cavalerie, il y avait de vastes écuries, en divers endroits de la Ville, aux environs des Récollets ; sur l'emplacement où fut la caserne Saint-Paul; et près de la Tour de la

Chaussée, derrière le Collège, où la Ville acheta aux Jésuites, en Juillet 1678, une cour et un bâtiment. De là, est venu à cette rue, appelée aujourd'hui rue du Rempart-Chaussée, le nom de rue des Vieilles-Ecuries.

Cet état de choses, qui devait donner lieu à bien des abus, dura jusque 1730, époque à laquelle la Ville construisit, *à ses frais*, les deux casernes Saint-Paul et Saint-Nicolas.

La caserne SAINT-PAUL; ainsi appelée à cause du voisinage du couvent de ce nom : on l'appelle aussi, depuis un an, caserne Jeanne-d'Arc. Elle fut commencée en 1729, terminée en 1732, et coûta 106,000 livres. On peut y loger 800 hommes d'infanterie.

Le quartier SAINT-NICOLAS d'abord destiné à la cavalerie, a pris son nom de l'abbaye Saint-Nicolas. On le nomme aussi quartier d'Anthouars.

Il traîna en longueur, faute d'argent. Une partie, adjugée en 1722, terminée en 1737, coûta 141.317 livres. Après l'inondation de 1740, il fallut considérablement en relever le sol. Alors, pendant deux ans, on logea, par suite de la suppression des grandes écuries de Saint-Paul, les chevaux des cavaliers et dragons, dans l'intérieur de la Ville, chez les hôteliers, « moyennant deux sols par cheval et par nuit. »

La deuxième partie du quartier, achevée seulement en 1742, coûta 178.000 livres.

La Ville devait en outre fournir le mobilier des

casernes et quartiers : lits, couchettes, draps, etc. Elle fournissait aussi et entretenait, à ses frais, les bâtiments et les magasins pour les vivres, fourrages et munitions de guerre, de l'armée du Roy.

Les soldats, de garde aux portes de la Ville « avaient alors droit à une buche et à un fagot sur « chaque char de bois, attelé de deux chevaux, » qui entrait en Ville !

En 1791, l'Etat prit à sa charge, tous les bâtiments militaires, et toutes les fournitures aux troupes.

Aujourd'hui le quartier Saint-Nicolas, pour 1600 hommes et 350 chevaux, sert à l'infanterie et à l'artillerie. La cavalerie loge à Bévaux.

Quartier de Bévaux ou quartier Villars. Magnifique quartier, construit en 1882, pour une brigade de cavalerie, peut contenir 1800 hommes et 1400 chevaux. Il est sur la même hauteur que Saint-Victor, et domine la vallée de la Meuse.

Il y a aussi des baraquements pour les troupes : au faubourg Pavé, depuis la guerre de 1870 ; ils ont été faits d'abord pour les Prussiens; ils contiennent 600 hommes : et à Jardin-Fontaine, sur le territoire de Thierville; ceux-ci, construits rapidement, en 1886, contiennent 1800 hommes.

Prison civile.

Peu d'emplacements ont subi des destinations aussi diverses que la prison civile de Verdun.

D'abord petit Hôpital sous le nom d'Aumônerie Saint-Jacques, il fut destiné, en 1588, par l'évêque

Psaulme, à recevoir les orphelins de la Ville. Il y établit un maître d'école dont les leçons étaient publiques, afin que tous les enfants pussent en profiter.

Mais l'année suivante, le même Evêque y créa une Université, qui devait en même temps servir de Séminaire pour son Diocèse. Et afin que Saint-Jacques conservât quelque chose de son ancienne destination charitable, il fonda, dans cette Université, vingt-quatre bourses, pour autant de jeunes orphelins, appartenant à des familles pauvres, et se destinant à l'état ecclésiastique. Il donna, à cet établissement le nom, un peu barbare, d'*Orphanotrophe* (1).

Mais, faute de ressources, au bout de deux ou trois ans, maîtres venus de Paris, et élèves abandonnèrent la maison de Saint-Jacques.

Les jésuites la reprirent aussitôt pour l'évacuer bientôt après, pendant une épidémie qui désola la Ville, en 1568, et qu'on appela la *peste Hongroise*. Mais ils y revinrent, l'épidémie passée, et la quittèrent définitivement, en 1570, pour aller s'installer au Collége.

Saint Jacques fut inhabité jusqu'en 1590. En 1590, les moines de Châtillon, chassés de leur abbaye « par la misère des guerres, » l'achetèrent et l'accommodèrent à leur usage. Racheté en 1682,

(1) Voir *Etude sur Nicolas Psaulme*, par l'abbé GABRIEL. — Verdun : 1867.

par Mgr de Béthune, évêque de Verdun, on y plaça le Séminaire.

En 1683, le Gouvernement fit reculer le jardin qui donnait sur la Meuse, pour conserver un passage à ses canons, autour du Petit-Rempart encore utilisé.

En 1740, on reconstruisit presqu'à neuf les bâtiments de Saint-Jacques. Le Séminaire y resta jusqu'à la Révolution.

A la Révolution, le Gouvernement mit la main sur Saint-Jacques, et y logea, pendant quelque temps la Gendarmerie ; puis les pelotons hors-rangs de la garnison.

En 1811, on en fit la Prison ; et le nom de Saint-Jacques est oublié.

Collége.

Nous venons de dire dans l'article précédent, les essais d'établissement d'Instruction publique faits par Nicolas Psaulme, l'un des Evêques les plus éclairés de la seconde moitié du XVIe siècle.

Vers 1570, les bâtiments de Saint-Jacques devinrent insuffisants pour contenir toute la jeunesse qui se pressait aux leçons des Jésuites. L'évêque Psaulme songea à leur trouver une autre maison.

Il y avait, à la Ville Haute, près de l'impasse de Ripe, de vastes terrains construits et non construits. Mais, les chapitres de la Cathédrale et de la

Magdelène, à qui ces terrains appartenaient, refusèrent de les lui céder.

Alors, il jeta les yeux sur l'hospice Saint-Nicolas-de-Gravière dont nous avons déjà grandement parlé.

Les bâtiments de Saint-Nicolas-de-Gravière furent mis en état et appropriés à leur nouvelle destination : Nicolas Psaulme les remit aux Jésuites pour y ouvrir un COLLÉGE.

Nous avons raconté ailleurs l'établissement du Collége de Verdun. Nous avons reproduit la Charte curieuse et instructive de sa fondation. Nous avons fait remarquer les sages conseils de l'Evêque aux parents et aux maîtres. Enfin nous avons indiqué les biens considérables dont il dota sa nouvelle création, « tant en deniers clairs, comme en « fermes (1). »

Aussi, grâce à sa munificence, qui dura jusqu'à la Révolution, tous les enfants de Verdun et du Verdunois, les riches comme les pauvres, étaient, sans aucune rétribution de leur part, instruits « en lettres humaines, grecques et latines et bonnes « mœurs... LE TOUT GRATIS. »

Nous sommes bien loin maintenant de la *gratuité de l'instruction*, voulue par le noble fondateur du Collége.

Les Jésuites restèrent au Collège jusqu'en 1762,

(1) Voir *Etude sur Nicolas Psaulme*, pages 94 et suivantes.

époque où ils furent expulsés de France. Avant de s'exiler, ils avaient construit, en 1731, pour remplacer celle trop vieille de Saint-Nicolas-de-Gravière, la belle et monumentale Eglise, qui reste encore aujourd'hui à l'usage du Collége.

Ils furent immédiatement remplacés par des prêtres séculiers, avec un bureau d'administration, pris en dehors des maîtres.

En 1766, Louis XV rattacha notre Collége à l'Université de Paris. Dès lors, il prit le titre de Collége-Royal, *Collègium Regium*: vieux titre qu'on peut encore lire, moitié effacé par le temps et par les hommes, sur la porte des externes, dans la rue de la Chaussée. Mais bientôt titre et porte vont également disparaître !

En 1768, on ouvrit au Collége des *cours publics*, faits par les professeurs. Il y en avait cinq par semaine.

En 1793, le Collège fut fermé : et l'Eglise servit de Club.

En 1795, il devint Ecole centrale du Département de la Meuse.

En 1802, la Municipalité fit d'inutiles et patriotiques efforts pour le faire ériger en lycée.

A l'heure où j'écris ces lignes, le premier coup de pioche qui doit abattre notre Collége, est donné. Mais il sera reconstruit à neuf, sur l'ancien emplacement. La belle Eglise seule en sera conservée (1).

(1) Depuis le 5 Mars 1888, une moyenne de 150 ouvriers travaillent chaque jour au Collége.

Ce n'est pas sans émotion, que je salue, une dernière fois, avant qu'elles disparaissent à tout jamais, ces vieilles et presque vénérables salles de classes, dont les chaires ont vu passer, depuis 320 ans, tant de maîtres ou ignorés, ou célèbres, et sur les bancs desquelles sont venues s'asseoir, écouter et étudier, soixante générations de jeunes gens, dont quelques-uns se sont fait un nom dans l'histoire !

Puisse le Collège que l'on construit, durer aussi longtemps que le Collège que l'on détruit !

La Bibliothèque.

Dans l'une des grandes salles du Collège, se trouve la Bibliothèque publique de la Ville.

Les Bibliothèques des anciens établissements ecclésiastiques de Verdun, et surtout des abbayes de Saint-Vannes, Saint-Paul et Saint-Airy, firent le fonds de cette bibliothèque.

Quelques religieux qui n'avaient point quitté Verdun, pendant la période révolutionnaire, ou qui étaient revenus d'émigration, retrouvèrent leurs livres avec bonheur, et furent les premiers bibliothécaires.

Parmi les Bibliothécaires, nous mentionnons l'abbé Clouet, mort en 1871, qui, quoi qu'il ne fut point moine, était aussi savant qu'un Bénédictin.

Les belles boiseries de la Bibliothèque de Saint-Paul décorent aujourd'hui les salles de notre Bibliothèque, qui compte de 28 à 30.000 volumes.

Ces volumes proviennent, non-seulement des couvents, mais encore d'achats faits par la Ville, et de dons du Gouvernement.

La reconstruction du Collège va obliger la Ville à chercher un autre emplacement pour sa Bibliothèque. On parle de la transférer au Théâtre.

Théatre.

Inauguré, dans une partie de l'Eglise des Augustins, par un bal public, au carnaval de 1797, le Théâtre était d'abord propriété particulière. Vers 1820, la Ville la racheta, et en fit refaire la porte d'entrée, qui va probablement servir à la Bibliothèque, car elle est très convenable.

Quant au Théâtre, on dit qu'il sera reconstruit, sur le quai voisin, à la place de la Halle aux blés, incendiée pendant le grand bombardement des 13, 14 et 15 octobre 1870.

Hôtel du Gouvernement et Gendarmerie.

Le premier Gouverneur militaire de Verdun, pour la France, Tavannes, prit son logement à l'Evêché. Ses successeurs immédiats logèrent dans le *cloître* de la Magdelène, c'est-à-dire sur la place de la Magdelène, où six maisons furent mises par les chanoines à leur disposition, pour eux et pour leur train.

Mais les chanoines se plaignirent bientôt de cette charge. Alors le Conseil du Roi la répartit entre l'Evêque, le Clergé et la Ville ; puis, en fin de compte, elle resta à la Ville seule.

Alors elle acheta en 1597, au prix de 15,000 livres, un hôtel, au bout de Saint-Maur-rue, appartenant à Anne de Nettancourt, dame de Saint-Astier de Lieudieu, pour y loger les Gouverneurs français. C'est un hôtel qu'on appela longtemps, à Verdun, le *Logis du Roy*, et qui est aujourd'hui la Gendarmerie.

Rien de remarquable au *Logis du Roy*. Sa large façade, faisant face à la rue Chevert, ci-devant Saint-Maur, donne sur la place du Gouvernement. A l'intérieur, une cour assez vaste, sur laquelle se trouvent les logements des gendarmes.

Là, passèrent les d'Haussonville, les Marillac, les Nettancourt-Vaubecourt, les Feuquières, père, fils et petit-fils. Sous le second Feuquières, Isaac, Louvois y descendit les deux fois qu'il vint à Verdun.

Mais, à partir du marquis de Guesbriant, c'est-à-dire de 1711, le titre de Gouverneur devint purement honorifique ; et, les titulaires, ne venant à Verdun qu'en de rares circonstances, au passage d'un prince par exemple, un arrêt du Conseil, du 1er janvier 1757, autorisa la Ville à disposer de l'*Hôtel du Gouvernement* pour y loger six colonels et lieutenants-colonels de la garnison, à condition qu'elle accorderait au Gouverneur titulaire une indemnité annuelle de 600 livres.

Les fonctions de Gouverneur furent alors remplies par le sous-gouverneur, ou *lieutenant du Roy*.

Le dernier Gouverneur de Verdun, sous l'ancienne monarchie, fut le comte de Choiseul-la-Baume, de 1779 à 1790.

En 1790, lors de la création de la Gendarmerie qui remplaçait l'antique Maréchaussée, on chercha à Verdun où loger les gendarmes. Ils le furent d'abord en Ville, et leurs chevaux placés dans des écuries dépendantes de l'Hôtel-de-Ville. Puis on les transféra au ci-devant Séminaire, rue de Rue, où ils demeurèrent jusque 1802, époque où ils prirent possession de l'Hôtel du Gouvernement, qui fut dès lors appelé Gendarmerie.

A l'extrémité de la rue Chevert, à droite en allant à l'Hôtel du Gouvernement, se trouve un autre hôtel, ayant peu d'apparence, qui sert actuellement au Gouverneur militaire de Verdun, rétabli en 1881.

Cet Hôtel a été construit, vers 1780, par « M. Jean-Baptiste Georgia, lieutenant-général et « civil au baillage et siège présidial de Verdun. » Il fut acheté par la Ville vers 1860, pour y loger alors le général, commandant la subdivision de la Meuse.

Les Gros-Degrés.

Les *Egreis Nostre-Dame* sont bien anciens ; on n'en connait pas l'origine. Pourtant ils semblent ne pas être antérieurs au XIe siècle.

Le grand incendie de 1217 commença « *à gradibus Sanctæ Mariæ.* » Il faut croire que cet incendie fut effroyable, car il dévora toute la Ville-

Basse jusqu'au delà du Brachieul. Nous savons en effet que les frères-Mineurs furent établis sur l'emplacement des maisons brûlées.

Ces Degrés comptent 80 marches, inégalement divisées par 7 paliers, et taillées en pic dans le rocher. Au milieu de la montée, se trouve une statue de la Vierge qui leur a peut-être fait donner leur nom de Degrés Notre-Dame, et qui est encore l'objet de la vénération populaire. Là, finissait la juridiction de la Ville ; là commençait le terrain soumis à celle du Chapitre de la Cathédrale.

Le long des Gros-Degrés, règne une main-courante qui est un souvenir de Nicolas Bousmard, neveu de l'Evêque de ce nom, grand Prévôt de la Collégiale de Montfaucon et archidiacre d'Argonne : « Aux frais de M. Bousmard, grand « Prévôst, Claude Amil a faict ceste besogne.-1595. »

MAISON DE JULES II.

Cette maison est le n° 2 de la place Magdelène.

La tradition veut qu'elle ait été quelque temps habitée par le Pape Jules II, alors qu'il n'était encore que le cardinal Julien de la Rovère.

Le cardinal Julien de la Rovère avait été envoyé en France, en 1479 par le Pape, à la demande de Louis XI, pour servir d'arbitre entre ce prince et Maximilien d'Autriche, époux de Marie de Bourgogne. Il ne réussit pas à réconcilier les deux ennemis ; mais il obtint de Louis XI, outre de grandes faveurs, la liberté du cardinal Balue et de l'évêque de Verdun,

Guillaume de Haraucourt, enfermés, depuis 15 ans, dans une cage de fer.

Julien de la Rovère était-il déjà abbé de Saint-Paul ? Ou fut-il pourvu, par le crédit de l'évêque de Verdun, de cette riche abbaye, dont les revenus l'aidaient à entretenir son train de prince ? Je ne le sais. Je ne sais non plus s'il vint à cette époque visiter son monastère, et si réellement il descendit dans une maison de la cour de la Magdelène.

Pourtant la maison actuelle n'est point, en tout cas, celle qu'il habita ; car elle est postérieure à lui au moins de 30 ans : elle ne date que des premières années du XVIe siècle.

D'abord, l'inscription gravée sur la porte d'entrée indique qu'il était déjà Pape quand elle fut bâtie : « Jul. ii. Pont. Max. » Or, il ne fut pape qu'en 1503, mourut en 1513, et dans l'intervalle avait autre chose à faire en Italie que de venir à Verdun.

Puis, sur le haut d'une tourelle intérieure, construite il est vrai en dernier lieu, se trouve le millésime : « Anno M. ccccc. xxx. iii. »

Il est probable dès lors, que la maison actuelle remplaça une ancienne maison dans laquelle vint en effet Julien de la Rovère ; que le maître de cette maison, son admirateur ou son ami, voulant conserver à tout jamais le souvenir de son séjour à Verdun, en même temps que celui d'un Pape dont les actions guerrières eurent, à cette époque un si grand retentissement dans toute la chrétienté, fit graver sur le fronton de sa nouvelle demeure, en la reconstruisant, le nom illustre de Jules II.

Du reste, rien de remarquable dans cette maison. Deux colonnes, assez originales, soutenant un fronton triangulaire, sculpté, au milieu duquel se trouve l'inscription de Jules II ; et, en dessous de ce fronton, deux larges coquilles en pierre.

La Princerie.

La Princerie, dans la rue de la Belle-Vierge, à gauche en montant, grosse maison noire, et d'antique apparence.

Le Princier était, après l'Evêque, le plus haut dignitaire du diocèse. Son nom vient-il de ce qu'autrefois il était inscrit le premier en tête des tablettes de cire, qui servaient comme de rôle au clergé : *primus cerarius* ? C'était jadis un très puissant personnage, dont l'influence contrebalançait celle de l'Evêque. Il avait la haute juridiction sur le clergé de la Ville et d'une certaine circonscription territoriale, qui formait l'archidiaconé de la Princerie. Il était, comme Princier, seigneur de plusieurs villages ; et administrait les revenus de l'Evêché, pendant la vacance du siège. La Princerie fut supprimée en 1385, par le pape Clément VII, et ses droits et privilèges retournèrent au Chapitre de la Cathédrale.

Le Princier, Albert de Mercy, qui fut évêque de Verdun, depuis 1156 jusqu'en 1162, possédait vers

1120, « la maison vulgairement dite la Tour de la « Princerie, proche de Ripe. »

En 1230, son neveu, Roger de Mercy, qui fut évêque de Toul, habitait la même maison, dont il fit, en partant pour son Diocèse, donation au Chapitre de la Cathédrale, avec toutes ses dépendances, jardins, remises « en Ripe » et grange contiguë.

Depuis, elle resta propriété du Chapitre, et fut l'Hôtel du Princier, jusque 1385.

En 1525 cet Hôtel appartenait à un riche chanoine, Jacques de Musson.

Il fit démolir la vieille Princerie qui tombait en ruines, et construisit, sur son emplacement une superbe habitation qui existe encore aujourd'hui, bien déchue, il est vrai, de son antique splendeur, par les modifications, appropriations, remaniements et changements qu'elle a subis depuis un siècle.

Elle est partagée en deux maisons.

La première, portant le n° 18, a sa façade complétement reconstruite à neuf. Mais, sa cour intérieure conserve une belle colonnade Renaissance, à deux étages, faisant galerie au premier.

La seconde, portant le n° 16, a encore son cachet d'antiquité, avec ses croisées armaturées de fer. La porte d'entrée en est monumentale : au dessus de cette porte, se trouve la statue de la Vierge, bien souvent changée sans doute, qui a donné son nom à la rue.

Sous un porche très vaste à colonnes, dont deux ou trois sont enfoncées dans la muraille, est une seconde porte d'entrée, dans les appartements, aussi très curieuse.

Le nom de Jacques de Musson se trouve gravé en deux ou trois endroits sur la pierre des hautes croisées : « *Jacobus de Mussono. Anno 1525.* » Les armes de Musson sont sculptées sur des consoles en pierres, supportant les énormes poutres d'une ancienne grande salle; mais aujourd'hui la salle est découpée, les poutres sont blanchies et les armes grattées !

Faisant saillie dans le jardin, est encore une délicieuse petite chapelle à une seule fenêtre ogivale à trèfles et à meneaux, avec les armes de Musson aux clefs de voûte. Elle sert aujourd'hui de bûcherie.

La girouette de la tourelle est aussi remarquable: elle figure une Vierge assise sur un édifice : peut-être celle du grand sceau du Chapitre, ou celle qu'on représente sur l'ancienne Cathédrale.

Il y eut trois Musson à cette époque. Jacques qui se construisit cette belle habitation en 1525; François qui fut chanoine de 1552 à 1562; et un autre Jacques qui fut curé de Jubécourt dont il restaura l'Eglise, en 1547.

Si, il y a 40 ans, on avait acheté la Princerie,

Évêché

(Vue générale prise de l'Écluse)

avant qu'on eût rebâti la moitié de sa façade, pour en faire le Musée de la Ville, on aurait quelque chose d'approchant le Musée de Cluny.

ÉVÊCHÉ.

Les premiers évêques de Verdun n'eurent pas de palais.

Saint Pulchrône plaça probablement sa Cathédrale aux environs de sa demeure. Depuis lors, la demeure épiscopale fut toujours voisine de la Cathédrale.

Il y avait là sans doute quelque vieille habitation romaine, « as grans fenestres, » dans laquelle ses successeurs logèrent. Le roman de Guarins le Loherain, que cite l'abbé Clouet, semble l'indiquer.

En 1048, les soldats du Barbu, « après avoir « pillé est gasté l'hostel de l'Evesque, » y mirent le feu. Thierry reconstruisit son hostel, comme il reconstruisit son Église Cathédrale aussi incendiée.

Mais, vers 1564, quand déjà bien des siècles, il est vrai, avaient passé sur le palais de Thierry, Nicolas Psaulme, « ne trouva, ni dans Verdun, ni au « dehors, de domicile convenable pour un Evêque. — « *nullum erat, in urbe nec extra, episcoporum* « *proprium domicilium.* » Il fit alors construire à grands frais, sur l'emplacement de l'ancien hostel épiscopal, un palais qui fut « l'ornement de Verdun. »

En effet, le conseiller du Roy, Charles Colbert, dans un « rapport fait au Roy, « en 1660, trouve encore « ce palais épiscopal, magnifique pour la « situation des bâtiments et l'étendue. »

« Néanmoins, dit l'abbé Clouet, l'évêque Charles « d'Hallencourt, grand amateur de bâtisse, le con- « damna comme laid et vieux, dès qu'il y entra, « au commencement de 1725. Les maçons ne man- « quèrent pas d'être de son avis. »

L'architecte choisi par M. d'Hallencourt, fut Robert de Cotte, architecte du Roi.

Il construisit, sur l'emplacement de l'ancien palais de Psaulme, une véritable demeure de prince, vaste à loger une Cour. Somptueuse habitation à l'intérieur, riche et splendide à l'extérieur; mais cependant un peu monotone dans sa grandeur et sa régularité, elle domine, de sa hauteur, et de celle de la colline sur laquelle elle est assise, la Ville et toute la vallée orientale de la Meuse, et semble un prolongement de la citadelle.

C'est bien encore le palais « as grans fenestres, » mais plus beau, à coup sûr, que celui qui existait du temps du fabuleux évêque Lancelin.

Pour le construire, l'évêque d'Hallencourt dépensa peut-être un million ; ce qui en vaudrait hardiment quatre aujourd'hui. Il coupa « blanc estoc » toutes les forêts de l'évêché, et fit argent de tout. Cependant, on fut obligé ces temps derniers de remplacer par des poutres de fer, la magnifique charpente en sapin des Vosges qui faiblissait. Pourquoi n'avait-il pas employé les chênes de ses forêts ?

Les évêques de l'ancien régime, grands seigneurs, ayant train de maison, pouvaient occuper ce palais.

En 1791, le Gouvernement en prit possession. L'évêque Aubry s'y trouva perdu. Les administrateurs du Directoire du district de Verdun s'y installèrent. Puis les Sous-Préfets, lors de leur établissement en 1800, jusque 1805.

L'Evêché de Verdun, ayant été supprimé dans la nouvelle organisation religieuse de la France, le palais épiscopal fut affecté au logement d'un sénateur. Puis il devint, en 1814, lors de la suppression du Sénat, logement du général commandant la subdivision de la Meuse. Enfin en 1825, l'évêché de Verdun, étant rétabli, le palais épiscopal fut rendu à sa primitive destination. Depuis lors, nos évêques l'habitent.

Hôtel des quatre clochers.

Il n'en reste rien que le souvenir qui s'en va chaque jour. Vaste maison faisant angle de la Place et de la rue Mazel, et allant presque vis-à-vis des Petits-Degrés. Ce qui en restait de la façade, sur la rue et sur la Place, démoli vers 1865. Sur la Place, image de la Trinité datant du XVIe siècle, aujourd'hui au presbytère de Saint-Sauveur ; sur la rue, grandes croisées ogivales. Là descendaient le comtes de Bar, nos *voués* ou nos *gardiens* : de là appelée aussi la *maison des comtes de Bar*; et des *quatre clochers* parce qu'elle avait *quatre clochers*.

VIII

PROMENADES PUBLIQUES

La Roche, vaste esplanade, entre la citadelle et la Ville, de laquelle on jouit d'une vue admirable. A vos pieds, vous avez toute la Ville-Basse et Saint-Victor : au loin vous voyez, vers le Midi, se déroulant comme un immense tapis de verdure, le Pré-l'Evêque et la belle vallée de la Meuse ; et vers l'Ouest, les côtes qui la ferment et les hauteurs boisées de Saint-Barthélemy.

Il y eut toujours, de ce côté, un espace utile à la défense, devant les murs de la Fermeté.

Au moyen-âge, la construction de Saint-Vannes, de l'Église Saint-Amand, et la jonction du Grand-Rempart au mur de clôture du monastère n'y changèrent rien.

En 1625, l'Eglise Saint-Amand ayant été rasée pour faire place aux remparts et aux fossés de la citadelle, en face de la Ville, l'esplanade qui fut depuis la Roche, resta circonscrite entre ces remparts, la porte Châtel, la butte de la Courlouve, et le jardin de l'Evêché.

C'était alors encore un terrain inégal et broussailleux qu'on appelait du reste le Broussy.

En 1780, le Génie fit applanir ce terrain et planter la double rangée de tilleuls qui en font encore le plus bel ornement. Quelques-uns de ces tilleuls ont été mutilés par les obus prussiens de 1870. Il élargit aussi, à travers les rochers qu'il fit sauter à la poudre, la descente trop escarpée qui conduit à la rue de Rue, et la rendit praticable aux voitures.

On l'appela, probablement à cette époque, la Roche. Elle devint alors l'unique promenade de la Ville.

Après avoir été, pendant la Révolution, le théâtre de scènes sanglantes, elle n'a plus vu depuis lors que des réjouissances publiques et des revues de la garnison ; des feux d'artifice aux fêtes officielles ; des banquets et des bals ; des carrousels, des cirques et des concerts en plein vent... jusqu'au moment où elle a été abandonnée pour la Digue.

La Digue. — Il y a la grande et la petite Digue.

La grande Digue est formée par le rempart lui-même qui va du pont sur le Moson qu'on appelle pont de l'écluse Saint-Airy, jusqu'aux terrains où est aujourd'hui l'usine à gaz. Là, les fortifications servent, non seulement de défense à la Place contre l'ennemi, mais encore de digue contre les grandes eaux qui par moment viennent battre le pied du rempart. On appelait autrefois les fossés de ce rempart, du nom significatif de Chante-Raine, à cause des marécages qui s'y trouvaient bien plus considérables que maintenant, et dans lesquels s'ébattaient et *chantaient* les *Raines* ou grenouilles (1).

La petite Digue ou simplement la Digue, dont nous allons parler, continue la Grande, avec laquelle elle fait angle droit, et se dirige vers le Pont-Neuf.

En 1702, le jardin et le clos de l'hôpital Sainte-Catherine comprenait encore tout le terrain circonscrit par la rive du Brachieul à partir de l'endroit où il entre en ville, près du Moson, à Saint-Airy ; par le derrière des maisons d'une partie de la rue d'Emmi-Ponts, (rue actuelle de l'Hôtel-de-Ville ; par la rue du Pont-Neuf qui était de 7 à 8 pieds plus élevée que le jardin ; par un grand bras de la Meuse ; par une portion « de l'ancien mur de « la Ville ; » et enfin par le rempart de la grande Digue rejoignant le Brachieul (2).

De cette façon, on ne pouvait absolument communiquer, par ce côté, de l'intérieur de la Ville avec les ouvrages du corps de la Place. Il fallait prendre le tour, ou par Saint-Nicolas ou par Saint-Victor.

(1) *Raine*, vieux mot qui signifie grenouille, du latin *Rana*. On dit encore dans certains pays une *Rainette* en parlant d'une petite grenouille.

(2) En 1702, l'Hôpital acheta de Jeanne Perrin, bourgeoise de Verdun, un bout de jardin qui donnait sur la rue du Pont-Neuf, entre les maisons et la rivière. On descendait, de la rue dans ce jardin, par une échelle.

« Au mois d'août 1737, M. de Gourdon, ingénieur
« en chef de Verdun, sous prétexte du service du
« Roy, fit abattre le mur qui fermait le jardin
« de l'hôpital, du côté du Pont-Neuf. Cette entre-
« prise, dont les Administrateurs n'avaient été
« avertis, les engagea à en porter plainte à M. le
« comte de Belle-Isle qui leur fit l'honneur de leur
« répondre qu'il avait donné des ordres pour sus-
« pendre l'ouvrage.

« Mais, sa continuation étant devenue une affaire
« intéressante pour M. de Gourdon, il réitéra ses
« instances. Faites en l'absence des Administra-
« teurs, sans contradiction, il était difficile qu'elles
« ne surprissent pas la religion de M. le comte de
« Belle-Isle. Muni de son autorité, M. de Gourdon
« fit couper, au mois d'octobre 1737, une partie du
« jardin de l'hôpital, pour y établir un chemin
« public de 30 à 40 pieds de largeur sur toute la
« longueur, pour communiquer aux fortifications. »

A peine fait, ce chemin servit de promenade, ce
dont les Administrateurs se plaignirent amèrement

« Et comme ce chemin est très long, qu'il se
« perd dans le rempart auparavant inaccessible,
« qu'il est entouré d'un côté par la rivière, et de
« l'autre par une forêt d'arbres, il favorise, par sa
« situation, les duels et les galanteries.

Telle est l'origine de la Digue.

Elle fut élargie et exaucée par le Génie, en 1772,
afin d'opposer une barrière solide aux grosses eaux.

En même temps, « une double rangée de saules y « fut plantée par les soins de M. Catoire, officier « du génie, employé dans la Place. »

Ce ne fut qu'en 1835, que l'administration de la guerre fit construire la rue militaire qui prend au bout de la Digue, longe le pied du parapet du rempart de la grande Digue, et aboutit au pont de l'écluse Saint-Airy qui datait de 1670, et qui fut alors rélargi (1).

La Digue resta avec quelques améliorations, jusqu'en 1880, telle qu'elle était il y a cent ans.

En 1880, la Ville qui en jouit actuellement par abandon du Génie, ayant acheté une bande des jardins de l'Hôpital, dans toute la longueur de la Digue jusqu'au rempart, fit combler ces terrains qui étaient en contre-bas; les fit planter d'une triple rangée d'arbres, en symétrie avec les anciens; créa à l'entrée, du côté du Pont-Neuf, et dans la partie la plus large, des bosquets de fleurs et d'arbustes verts ; y éleva un élégant kiosque, pour les musiques militaires jouant les jeudis et les dimanches ; et enfin donna aux habitants de Verdun une délicieuse et fraîche promenade qui devient le rendez-vous de toute la fashion Verdunoise.

(1) Voir les Mémoires des administrateurs de l'Hôpital en 1637, et le rapport du colonel Petitot, en 1836.

IX

NÉGOCE & MÉTIERS DU VIEUX VERDUN : COMMERCE & INDUSTRIE ACTUELS

La vie d'une ville ne se trouve pas exclusivement renfermée dans ses murs ; elle se manifeste encore au dehors par le NÉGOCE et le COMMERCE qu'alimentent les MÉTIERS et l'INDUSTRIE.

NÉGOCE.

Nous ne connaissons que des généralités sur le *Négoce Verdunois*, aux temps Mérovingiens, et dans le haut Moyen-Age. Mais nous savons qu'il était très florissant.

Grégoire de Tours raconte que la Ville, se trouvant appauvrie par les exactions du comte Sirivald, le roi Théodebert d'Austrasie prêta, aux citoyens de Verdun, 7,000 sols d'or que les « mar-« chands de la Cité — *Hi negotium exercentes*, » lui garantirent, intérêts et capital. Bientôt après, les débiteurs rapportèrent cette somme à leur royal créancier qui leur en fit don. « Depuis lors, ajoute « Grégoire de Tours, ces marchands sont devenus « riches, et aujourd'hui encore ils restent puis-« sants. »

Aussi moins d'un demi-siècle après, le poëte Venance Fortunat, passant à Verdun, chantait les nombreux bateaux qui de toutes parts sillonnaient la Meuse « dont le nom sonne si doucement. — « *Mosa dulce sonans ;* » et vantait le commerce fécond qui se faisait sur son cours : « *triplice merce ferax.* »

Sous Charlemagne, les *Bracenses négotiatores* formaient, au dire de Bertaire, une corporation puissante contre laquelle eut à lutter l'évêque Austranne. Pourquoi ces marchands, ces *negotiatores* sont-ils appelés *Bracenses ?*

Bracenses signifie-t-il les commerçants établis à la Ville-Basse sur les divers *bras* de la Meuse : *Brachia*, bras; *Braceolum*, petit bras ?

Ou bien, ce mot vient-il de *Brace* qui, en langue celtique, veut dire un blé très blanc ; de *Brây* ou *Brayez*, qui signifie le germe de grain, blé ou orge; d'où, le vieux mot français *Brais* ou *Bris* pour signifier l'orge germé avec lequel on fait la bière ; d'où aussi notre mot moderne de *brasseur ?* Dans ce cas, le *Bracenses négotiatores* auraient été des commerçants en grain, blés ou orges ; et par suite des brasseurs. Le commerce de la bière et de la cervoise était autrefois très considérable à Verdun.

Enfin le chroniqueur Richer de Reims, qui accompagnait le roi Lothaire de France, au siège de Verdun en 984, faisant la description de notre Ville, nous représente la Ville-Basse, celle qui se trouvait sur les divers bras de la Meuse, et qu'il appelle le « cloître ou le clos des marchands, — *claustrum negotiatorun*, » nous la représente, dis-je, comme un centre important de commerce. « Et ce cloître, dit-il, est muni d'une bonne muraille à l'instar d'une citadelle : — *claustrum negotiatorum muro instar oppidi constructum.* »

A ces époques éloignées, on se servait presqu'exclusivement, pour le commerce, des cours d'eau, ou « chemins qui voyagent, » suivant l'expression de Sully, je crois. Les voies de communication par terre étaient longues, difficiles et parfois impossibles.

Cependant la Meuse ne fut pas le seul chemin qui s'ouvrit à l'activité du négoce Verdunois.

Je passe sous silence l'étrange commerce, qu'au dire de Luiteprand de Pavie, les marchands de Verdun faisaient, dans le Xe siècle, avec les Maures d'Espagne.

Mais on rapporte qu'en revenant d'un lointain voyage, des marchands Verdunois passèrent par Meaux, et y dérobèrent le corps de Saint Saintin qu'ils rapportèrent dans leur Cathédrale.

Les richesses suivent le négoce, et les honneurs viennent après les richesses. Les comptoirs de ces marchands, comme les établis des Maîtres des Métiers dont nous allons parler, furent certainement le berceau de notre aristocratie Verdunoise d'avant la Révolution. Elle avait autrefois gouverné Verdun, en faisant ses affaires. Mais elle oublia son origine, vers le XVIe siècle.

Ainsi, dans les villes italiennes au Moyen-Age,

Pise, Gênes, Florence, Venise, on passait par le commerce, pour arriver aux premiers emplois de la République. Les Doria et les Médicis furent marchands, avant d'être princes.

Métiers.

Au XII et XIIIe siècles, les *gens des Mestiers* se comptèrent et s'organisèrent dans toutes les villes tant soit peu importantes. Cette organisation était à peu près la même partout.

Chaque *corps de métiers* formait une corporation qu'on appelait, indistinctement Maîtrise ou Jurande du nom de ses dignitaires élus, et Confrairie à cause de son caractère religieux.

Une Corporation était composée des *Maîtres*, des *Compagnons* et des *Apprentifs*.

Les Maîtres étaient ceux qui avaient *fait chef-d'œuvre*, c'est-à-dire un ouvrage du métier, remarquablement beau, à tous égards et au juger de tous. Quand un ouvrier était reçu maître, il y avait cérémonie et fête pour toute la corporation. Ces maîtres-ouvriers pouvaient seuls avoir compagnons et apprentifs. Les compagnons étaient ceux qui n'avaient pas encore *fait chef-d'œuvre*, et par conséquent ne pouvaient passer maîtres. Les apprentifs, leur nom l'indique, étaient ceux qui commençaient à apprendre le métier.

Maintenant les Maîtres des Métiers de chaque corps élisaient parmi eux, un Maître pour le métier qu'on appelait aussi le Roy. Ces Roys, ces Maîtres élus, qui ont joué un rôle dans notre histoire sous le nom de *Maistres des Mestiers*, élisaient à leur tour un Maître général du métier, et formaient ensemble, présidés par ce Maître général ou Grand-Maître, le grand et suprême Conseil de tous les métiers.

Ce Conseil jugeait toutes les contestations graves survenues entre *gens des métiers* ; toutes les infractions aux statuts et règlements de la corporation ; toutes les contrefaçons, erreurs, fraudes et tromperies dans la marchandise ou dans la main-d'œuvre. C'était, pour me servir d'une expression moderne, une espèce de Tribunal de commerce où les ouvriers portaient toutes les causes « qui à leur « mestier attenoient. »

Mais, petit-à-petit, les Maistres des Mestiers agrandirent leur juridiction sur les gens des mestiers. Non seulement ils connurent des « faulsies » faites dans le métier ; mais encore ils évoquèrent, à leur tribunal, un certain nombre de délits de droit commun, commis par les ouvriers en dehors du métier.

D'un autre côté, leurs hommes étaient enrégimentés, qu'on me permette encore cette expression ; et le plus souvent, ils étaient armés. C'était une force dans les mains des Maistres des Mestiers. L'occasion était belle de prendre part au *mouvement communal*. Ils la saisirent.

Alors, l'organisation des métiers, faite d'abord en vue du métier et pour le métier, devint politique et resta politique, avec plus ou moins de succès, dans nos villes libres, jusqu'au XVI⁰ siècle.

Nous avons vu les Maistres des Mestiers gouverner presqu'exclusivement Verdun, pendant la *Commune*, de 1300 à 1370.

Chaque Métier avait ses Statuts spéciaux, ses *Armoiries*, et son Patron.

Le plus important sans contredit, et le plus riche, parmi les corps des métiers, à Verdun, fut celui des DRAPIERS.

On ne sait de quelle époque date, à Verdun, la fabrication des draps, serges, estamines et en général de toutes les grosses étoffes de laine. Elle y prit, dès le haut Moyen-Age, une extension très considérable, et par conséquent y amena le trafic des laines.

En 1267, l'évêque Robert de Milan donna une Charte aux drapiers du mont Saint-Vannes, partie de la Ville où se trouvait concentré le commerce de la draperie.

Au XIV⁰ siècle, le riche Waultrec était un *drapier*, fils de *drapier*.

La foulerie des draps se faisait alors « au pilan à draps, » établi de temps immémorial au moulin Brocard, l'un des deux moulins du Puty, connu sous le nom de Moulins-la-Ville.

En 1519, les drapiers prirent ce fouloir à cens perpétuel, et le gardèrent jusqu'à la Révolution.

On lit dans un article du *Grand-Vendage* de la

Ville, en 1612: « Item ! Nul ne vendra ou mènera
« fuers Verdun, aulcuns draps de la façon, de la
« Cité, qui ne seront signés au seing de la Cité. »

Aux premières entrées solennelles des Evêques
de Verdun dans leur ville épiscopale, « le Seigneur
« Evêsque marche par dessus draps que les
« Maistres des Mestiers de la draperie doibvent
« avoir prétz et appareillez, et faictz estendre par
« le chemin au devant dudict Seigneur ; pour
« lequel service, ycelui Seigneur doibt païer aux
« dis Maistres de la draperie, pour leur droit,
« deux livres de monnoie de Verdun, pour une
« fois ; et avec ce, doibvent les drappiers avoir
« leur dyneir par la manière accoustumée. »

Depuis 200 ans, depuis les privilèges accordés,
par Colbert, aux fabricants Sedanais, la fabrique
et le commerce des draps et des laines, faiblissant
chaque année à Verdun, ont fini par disparaître,
au profit de Sedan.

On possédait autrefois, aux Archives de l'Hôtel-
de-Ville, en original :

Les Statuts de la corporation des DRAPIERS,
rédigés ou plutôt renouvelés en 1608.

« Les Requestes pour les MAISTRES PEINTRES
« et pour les SCULPTEURS de l'an 1628; ensemble les
« Statuts des Maistres peintres, pour ladicte année. »

Les SCULPTEURS ou *tailleurs d'imaiges*. Un ancêtre
de la famille Watrinelle était, au XVIe Siècle, *tailleur
d'imaiges* à Verdun. Cette noble profession s'est

perpétuée dans la famille. Un Watrinelle, fils de sculpteur, et sculpteur lui-même, occupe une place distinguée parmi les artistes de Paris.

« Les Statuts des MAISTRES VITRIERS.

« Les Statuts des MAISTRES SERRURIERS de la « Ville. »

Ces précieux originaux ont disparu ; il n'en reste même pas de copies connues.

Disons pourtant un mot des Serruriers de Verdun et de tous ceux qui travaillaient le fer.

Au Moyen-âge, et jusqu'au siècle dernier, ils ont joui d'une réputation méritée, non seulement dans notre ville, mais encore dans de lointaines contrées. On conserve à Tournay, et dans quelques villes Belges, où l'art de la ferronnerie était pourtant fort en honneur, certaines pièces de fer forgé, qui sont de véritables chef-d'œuvres, dues à des serruriers Verdunois aujourd'hui inconnus. Et dans notre ville, nous possédons encore quelques rampes d'escaliers, quelques panneaux de grilles qui défient l'ouvrier moderne. Le fer, assoupli sous leurs mains habiles, prenait les courbures les plus inattendues, comme les plus gracieuses, et s'élargissait le plus souvent en feuillage.

Quelques clefs, retrouvées, il y a une douzaine d'années, en draguant la Meuse dans l'intérieur de Verdun, sont des merveilles de délicatesse et de fini. On donnait à faire, comme *chef-d'œuvre* au serrurier, une serrure et une clef de coffre-fort.

Les autres corps de Métiers, dont les Statuts se trouvent aux archives de l'Hôtel-de-Ville, en copies datées de la fin du XVIIIe Siècle, sont :

Les Maçons : « Maistre Nicolas », qui en 1517 construisit le cloître de la Cathédrale, était un « Maistre masson » de Verdun.

Les Charpentiers : les Rouyers ou faiseurs de roues qui ont donné leur nom à la rue des Rouyers.

Les Tisserands, les Chapeliers, les Tailleurs.

Les Bouchers. Chaque boucher devait payer six gros, au Doyen de la Cité, le jour de la Purification.

Les Arquebusiers ou *Armuriers*.

Les Médecins, les Chirurgiens et les Pharmaciens, quoique non ouvriers, formaient aussi une corporation dont les Statuts datent de 1602.

Les Magniens ou Chaudronniers. On les appelle encore Magnats, en certaines localités.

Les Orfèvres. L'orfèvrerie de Verdun était fort renommée dans les siècles précédents.

On y fabriquait des pièces remarquables, surtout pour les Eglises. Cette belle industrie a disparu depuis soixante ans.

Les Fournisseurs d'armes et d'épées qui avaient, en 1602, au moulin Brocard, meule et polissoir d'armes.

Les Selliers, anciennement Lormiers, qui fabriquaient tous les objets de cuir et de fer qui tiennent au harnais du cheval ; « selles à chevau-

« chier », brides, freins, éperons, arçons. Ils avaient donné leur nom à la rue qu'ils habitaient dans le vieux Verdun : « *Vicus Lorimeriorum in « descensu Castri. — Ruella Sancti Ulrici, juxta « Lorimerios* ». C'était très probablement la rue des Petits-Degrés jusqu'à la ruelle Saint-Oury.

Les Maréchaux-ferrants : les Couvreurs.

Les Boulangers. Les Maistres Boulangers prêtaient serment devant le Doyen de la Cité : Ils lui devaient chacun un sol aux Quatre-Temps. Lors d'une admission à la Maitrise dans ce corps, le nouveau promu lui portait trois tartes, un pâté et un pain blanc, plus deux francs barrois s'il était fils de Maistre, et quatre s'il ne l'était pas. « Et « oultre ce, le Doyen assiste au festin sy bon luy « semble ; et luy est loysible de mener son homme, « son chien et son oiseau. »

En outre de ces Corporations, desquelles nous possédons les Statuts en copie, il y avait encore celles :

Des Bonnetiers, des Cordonniers, dont le chef-d'œuvre consistait à faire un soulier qui se retourne ; des Charrons, des Brasseurs, dont l'industrie, aujourd'hui bien tombée, était l'une des plus anciennes de Verdun ; des Hôteliers, des Marchands de bois ; des Menuisiers ; des Potiers d'étain ; des Tonneliers ; des Rôtisseurs, dont les *chef-d'œuvres* devaient être fort goûtés ; et enfin des Crieurs d'enterrements.

Les Experts jurés formaient aussi Corporation.

Mais, on ne parle nulle part, que je sache, à moins que ce ne soit aux Archives départementales de Bar-le-Duc, qui renferment, j'ignore pourquoi, beaucoup de documents précieux sur nos Corporations ouvrières Verdunoises, on ne parle nulle part, dis-je, de la Corporation des Tanneurs.

Pourtant le commerce des cuirs tannés fut de tout temps très considérable à Verdun.

« Les cuirs tannés y sont fort bons, et on en fait « grand commerce », dit le Rapport de Charles Colbert en 1660. Les tanneurs avaient établi des pilons, pour écraser les écorces de chênes et faire du tan, au moulin Brocard où déjà se trouvait la foulerie à draps et le polissoir des armuriers.

En 1722, la tannerie était plus considérable à Verdun qu'à Metz. Nous avions plus de quarante ateliers de tanneurs.

Presque tous, ils habitaient, sur la gauche du Brachieul, la rue appelée encore aujourd'hui la rue des Tanneries.

Il y avait aussi, non loin de là, au Puty, une rue des Parcheminiers qui n'existe plus. Les Parcheminiers, variété des Tanneurs, formaient probablement une Corporation à part de ceux-ci.

Enfin, les Bateliers, qui étaient nombreux à Verdun, ont dû former également Corporation, et avoir leurs Statuts. Nous avons vu que le poëte

Venance Fortunat en parle déjà au VIe Siècle. La batellerie fut, au moyen-âge, le plus puissant auxiliaire du négoce Verdunois.

« La Meuse, dit encore le Rapport souvent cité
« de Charles Colbert, commence à porter bateaux
« de cinquante à soixante *poinçons*, un peu au-
« dessus de Commercy distant d'environ onze
« lieues de Verdun... Quand ladite rivière est
« basse, ce qui arrive quelquefois pendant trois ou
« quatre mois de l'année, elle ne porte plus que la
« moitié de ce qui est dict ci-dessus » (1).

Les bateaux ont dû primitivement venir à Verdun par le bras de la Meuse, appelé *Canal Saint-Vannes* sans doute parce qu'il coule au pied de la colline sur laquelle St-Vannes était assis. Ils entraient alors en ville par le pont des Raines, longeaient sur leur gauche Rue et le Petit-Rempart, et passaient sous le pont Ste-Croix.

Plus tard, dans le cours du XVe Siècle, ils prirent le chemin du Moson, et continuèrent à le suivre; quoique Vauban, vers 1680, en agrandissant, pour les besoins de la défense de la place, le troisième bras de la Meuse qui passe près de

---

(1) Charles Colbert de Croissi, frère du grand Colbert; après sa mort, en 1683, chargé du ministère des affaires étrangères.

Poinçon, mesure de choses liquides. Était employé dans le même sens que *tonneau*, pour mesurer la charge d'un bateau. Un *poinçon* valait à peu près 250 livres.

la Digue, ait tout-à-fait modifié le système des eaux et appauvri le Moson.

Une grille, qu'on ouvrait au rempart St-Airy sur le Moson, pour le passage des bateaux, s'appelait la Grande Grille. Aujourd'hui c'est l'écluse St-Airy.

La batellerie perdit chez nous de son activité vers les commencements du XVIIe Siècle, nous le dirons tout-à-l'heure ; et depuis lors elle a toujours été en déclinant jusqu'à la fin du XVIIIe, c'est-à-dire jusqu'à sa mort.

La Meuse pourtant resta navigable à partir de Verdun ; mais, malgré cela, il ne nous vint plus que de loin en loin, quelques rares bateaux, nous amenant de la Belgique et des Ardennes, de la houille et du fer.

Depuis dix ans, on a creusé un canal parallèle à la Meuse, et empruntant souvent son lit, notamment dans sa traversée de Verdun. Ce canal, appelé de l'Est, qui va rejoindre, au-delà de Commercy, celui de la Marne au Rhin, semble devoir rendre un peu d'activité au commerce par eau de notre ville. Verdun ne donne plus de bateliers ; mais de nombreux bateaux passent et repassent dans nos murs, y déposant et y prenant surtout les marchandises encombrantes.

Les bateliers du Moyen-Age ont donné leur nom à une rue sise sur la gauche du Moson, entre le pont St-Airy et le pont St-Pierre.

La Révolution a supprimé les Corps des Métiers, les Corporations, Maitrises, ou Jurardes. La liberté individuelle a peut-être gagné à cette suppression ; chacun peut, sous sa responsabilité, travailler à ce qu'il veut, où il veut et comme il veut. Mais certainement l'art y a perdu : On ne fait plus *chef-d'œuvre*.

COMMERCE ET INDUSTRIE ACTUELS.

Encore Charles Colbert : « Le pays Verdunois, « dit-il, est fertile : les vins, bleds et fruits y vien-« nent en abondance, et s'y donnent souvent à « vil prix…. On y fait un grand commerce de la « dragée. Avant la dernière guerre, il y avait des « Marchands qui chargeoient, sur la rivière de « Meuse, des bateaux de grains, vins et de tout ce « qu'il y avait de plus commun dans le pays, et « descendoient jusques en Hollande, d'où il rap-« portoient des étoffes, épiceries et autres mar-« chandises. Ce commerce *ne s'y rétablit* ; et on ne « voit plus que quelques gens des villes de Stenay, « Sedan, Mézières et autres lieux, situés sur ladite « rivière, qui viennent, de temps à autre, enlever « des grains et du vin. »

Le tableau peu brillant fait du commerce Verdunois en 1660, comparativement à ce qu'il était auparavant, est resté vrai dans certaines de ses parties.

En résumé, depuis 200 ans, l'industrie et le commerce Verdunois sont restés stationnaires.

S'ils ont gagné d'un côté, ils ont perdu de l'autre.

Sedan a hérité de nos Drapiers, qui ne sont plus qu'un lointain souvenir. Les fabriques de futaines, serges, étamines, molletons, sont allées s'établir ailleurs. La tannerie n'est plus que l'ombre d'elle même. Il n'y a plus un seul fabricant d'orfèvrerie. On n'y fait plus aucun bel ouvrage en fer forgé. On n'y fait plus une seule arme. Où sont les *Lormiers* ? où est même la corporation des Chapeliers ?... Tout cela a disparu !

La vie *Communale*, autonome, valait-elle donc mieux, pour l'industrie et le commerce en notre pays, que la grande vie *nationale* dont nous jouissons depuis deux siècles et demi ?... Le règne de Louis XIV n'a pas été, à ce point de vue, favorable à notre Ville.

D'un autre côté, les Machines, qui produisent plus vite, en plus grande quantité, et à meilleur marché, mais à coup-sûr moins solide et moins *artistique* que la *main de l'ouvrier*, ont aussi tué certaines industries privées :

Et Verdun, malgré ses nombreux et puissants cours d'eau, n'est pas une ville à *machines* : elle n'a ni grandes usines ni grandes fabriques.

Pourtant, le *Commerce de détail* y est très actif, plus actif même que dans d'autres villes plus importantes. Cela tient sans doute à la richesse et à la prospérité dont jouissent les campagnes voisines.

Je ne parle pas, bien entendu, de ce qui se consomme dans l'intérieur de la Ville.

Nous n'exportons plus, il est vrai, « en Hollande « ni nos vins, ni nos grains. » Nous n'en rapportons pas non plus « les étoffes, les épiceries et les autres « marchandises. » Mais, notre commerce a d'autres débouchés.

L'*Epicerie* surtout fait le chiffre énorme de 2 millions 500 mille francs d'affaires, non seulement avec la Meuse, mais encore avec la Marne, les Ardennes et la Moselle.

Le *commerce des Vins* est également très considérable. « Il est sorti des magasins de Verdun, pen- « dant l'année 1887, 53 mille 250 hectolitres de « vin » (1).

La *Menuiserie*, ou commerce de bois fabriqué, semble prendre aussi, depuis quelques années, une assez grande extension, et occupe un grand nombre d'ouvriers.

La *Lingerie*, autre branche d'industrie ignorée il y a 50 ans, fait travailler, en ville, 5 ou 600 ouvrières connues et inconnues du public, et expédie ses légers et élégants produits jusque dans le Nouveau Monde.

Enfin, comme du temps de Charles Colbert « on « fait à Verdun grand *commerce de la dragée*. » On dit les *Dragées* de Verdun, comme on dit les Mag-

(1) Note des Contributions indirectes.

deleines de Commercy, les Confitures de Bar, et le Nougat de Montélimard.

✝ La fabrication des dragées de Verdun remonte au Moyen-Age. Dès 1500, leur réputation était Européenne. On en offrait, pour la bienvenue, aux Rois et aux Reines qui faisaient l'honneur à notre Ville de passer dans ses murs; on en offrait aux princes et aux princesses du sang, et même aux bâtards royaux (1); on en offrait aussi, par centaines de boîtes aux Evêques y faisant leur première entrée solennelle (2).

On sait que les *Vierges de Verdun* payèrent de leur vie celles qu'elles offrirent au roi de Prusse.

Ces délicieuses dragées, qui s'expédiaient auparavant jusque en Russie et à Constantinople, tombèrent alors en discrédit. Du reste l'époque n'était point favorable aux douceurs.

La Révolution en ralentit considérablement la fabrication ; l'Empire ne la releva pas. Au lieu de 15 a 1800 mille livres de dragées que nos confiseurs avaient autrefois produit, ils n'en livrèrent plus

(1) Le duc d'Angoulême, fils naturel de Charles IX et de Marie Touchet, passant à Verdun, vers 1635, pour aller guerroyer en Lorraine, reçut des dragées de Messieurs du Magistrat.

(2) Le Corps de Ville présenta à l'évêque de Nicolaï, lors de sa prise de possession, en 1754, « cent boîtes de « dragées d'une demi-livre ; les deux tiers de fines, et « l'autre de communes, ainsi qu'il en avoit été usé avec « MM. ses prédécesseurs. »

au commerce que quelques centaines de mille par année.

Jusque 1840, on fabriquait la dragée à la main. En 1842, un confiseur intelligent, M. Lizer, employa un manège à cheval, pour faire mouvoir les bassines.

Mais, ce ne fut que quelques années plus tard que M. Baudot-Mabille, appliquant à cette industrie les inventions modernes, remplaça le manège à cheval par la vapeur. Tous les autres confiseurs l'ont imité.

Depuis lors la fabrication des dragées a pris un nouvel essor à Verdun. Aujourd'hui cette fabrication jette annuellement, à tous les gourmands de France et de l'étranger, 1,500 mille kilogrammes de dragées.

Il y a 50 ans, quelques confiseurs de Verdun avaient ajouté, à la fabrication des dragées, celle des liqueurs fines, dont ils faisaient un commerce assez important. La *Goutte de Mulle* était, dit-on, fort recherchée des amateurs.

CORPORATIONS DES ARBALÉTRIERS ET DES ARQUEBUSIERS, ET MILICE VERDUNOISE.

Nous avons noté les *Arquebusiers* ou fabricants d'arquebuses et autres armes, comme l'un de nos Corps de métiers.

Mais outre ces fabricants d'armes, il y avait en notre Ville ceux qui s'en servaient, s'exerçant journellement au tir à l'arbalète ou à l'arquebuse.

Ceux-là formaient aussi une Corporation ou Confrérie, ayant, comme les Corps des métiers, leurs privilèges et leurs Statuts.

L'arbalète fut en usage parmi les gens de guerre, conjointement avec l'arc, à partir du IXe Siècle.

Elle fut condamnée par un Concile, en 1133, comme « trop meurtrière et odieuse à Dieu. »

Dans une République comme Verdun, où tous les Bourgeois étaient soldats, et se battaient continuellement, on devait continuellement aussi s'exercer au tir à l'arbalète.

Les Arbalétriers y formèrent une Corporation. La maison où se tenaient leurs assemblées était sise impasse de Ripe, donnant à l'Ouest sur la longueur des remparts démolis et à peu près aplanis de la Fermeté, derrière les maisons de Saint-Maur-rue, (rue Chevert).

Il y a aussi, à Bruxelles, une *maison des Arbalétriers* : mais la maison des Arbalétriers de Verdun n'était, à côté de celle-là, qu'une masure.

Derrière cette maison se trouvait le champ de tir, embrassant les terrains inoccupés des anciens remparts, qu'on appelait les Estaraux ou glacis de Ripe ; (*Ripa*, rive, bord).

A l'arbalète, trop meurtrière ! succéda, vers le XVe Siècle, l'Harquebuze, soit à *rouet*, soit à *mèche*, soit à *croc*.

Tous les Verdunois apprirent à tirer *l'Harquebuze* comme ils avaient appris à tirer l'arbalète.

Mais il fallait, pour cette arme, un champ de tir plus vaste que pour son inoffensive devancière.

Les Harquebuziers réclamèrent, du temps des Feuquières, tout le terrain des Estaraux de Ripe, c'est-à-dire depuis leur maison de Ripe jusqu'à Montgault. La Ville rejeta leur demande : « Mes-
« sieurs, ne pouvant approuver, dit le Registre du
« 19 Janvier 1692, le choix d'un tel lieu par les
« Arquebuziers, pour leurs exercices, étant cesdits
« Estaraux bordés, et même terminés par les
« maisons et jardins des bourgeois, et situés au
« cœur de la Ville. »

Les trois générations des Feuquières, qui gouvernèrent Verdun de 1636 à 1711, presqu'un siècle ! portèrent leur attention sur un corps qui entretenait l'esprit militaire et le maniement des armes chez les habitants de Verdun.

Le 9 février 1639, Manassés de Feuquières, l'héroïque vaincu de Thionville, maintint les Arquebusiers « dans les privilèges, franchises et
« immanitéz dont ils ont par cy-devant jouy, avec
« exemptions à ceux qui seront dits Roys, de tous
« guets, gardes ou rondes, sy non en cas d'allarme
« ou de siège ; de tous logemens, fournitures de
« gens de guerre et aultres corvées, même de
« tailles durant l'année de leur Royauté, à la ré-
« serve des levées et impositions qui se feront pour
« les pauvres et aultres nécessités de la Ville
« urgentes et extraordinaires. »

Son fils, Isaac, confirme ces lettres le 6 mars 1644 ; et son petit-fils, Antoine, le 25 mai 1692 (1).

Les Arquebusiers avoient « ung Roy ou Maistre « Harquebuzier, ung lieutenant et aultres officiers « choisiz et éleuz chacun an par tous les compai- « gnons. »

« Monsieur Sainct Anthoine étoit patron de « ladicte compagnie. » Le jour de sa fête, les compagnons de l'arquebuse allaient entendre les offices religieux dans l'Eglise des Jacobins.

Nous parlons ici de la *Milice* BOURGEOISE parceque, pendant quelque temps, elle exista simultanément avec les Arquebusiers, et finit par les remplacer, quand, à son tour la vieille arquebuse fut démodée.

La Milice bourgeoise fut aussi organisée par les Feuquières, surtout par le second, dans l'année 1639, quand après la défaite de Thionville, on eut peur de voir l'ennemi marcher sur Verdun. Feuquières fit prendre les armes à tous les bourgeois capables de les porter, « avec ordre de se fournir de fusil, de poudre et de plomb. »

Les officiers se nommaient à l'élection, sauf le Colonel qui était toujours le Maire de Verdun, qu'on appelait encore le Maître-Echevin.

(1) Il y avait encore un Feuquières dans le clergé de Verdun : François de Feuquières, fils de Manassés et frère d'Isaac. Il fut Doyen du Chapitre de la Cathédrale de 1649 à 1691.

En 1740, la Milice bourgeoise, reconstituée, formait deux bataillons.

En 1785, son état-major était ainsi composé :
Colonel : M. Garaudé, maire de la ville.
Lieutenant-colonel : M. d'Haucourt.
Commandant : M. Blanzey.
Major : M. Billon.
Capitaine-major : M. Goze.
Sous-aides-majors : MM. Petit et Henry.

Plus douze capitaines, douze lieutenants, « sans « compter les sous-lieutenans. »

En 1789, les Milices bourgeoises furent transformées en Garde nationale. On connait les destinées de la Garde nationale.

Celle de Verdun fit vaillamment son devoir pendant le siège de 1870. Et si sa suppression est définitive, elle aura dit, avant de finir, un glorieux adieu à la vie.

Il y avait aussi à Verdun, vers 1730 :

Une compagnie de *Cadets Verdunois* armés de fusils et d'épées « vêtus de rouge, avec cocarde, « plumet et nœud d'épaule. »

« Les *Ecoliers du Collège*, très proprement « vêtus, et armés comme les troupes. »

Enfin, une compagnie de *Cent Chevaliers*, « vêtus « de gris, et appelés les *Cent Chevaliers de l'Ordre* « *social de l'aimable commerce, et de la Société* « *littéraire de Verdun.* »

X

QUELQUES FAITS RELATIFS A L'HISTOIRE PARTICULIÈRE DE VERDUN DEPUIS 1648.

Verdun indépendant, avant sa réunion officielle à la France, par le traité de Westphalie, avait son rôle, petit il est vrai, mais spécial et distinct, dans la *Grande histoire* ; nous l'avons indiqué.

Depuis 1648, confondu dans la grande unité française, l'histoire *générale* de la France est devenue sa propre histoire.

Cependant, quelques évènements, dont notre ville a-été le théâtre depuis cette époque, peuvent faire partie de cette histoire générale : tels les deux sièges de 1792 et de 1870, que nous avons racontés.

Mais il en est quelques autres qui rentrent dans son histoire *particulière*.

Cette histoire particulière, nous l'avons déjà faite grandement, poussant jusqu'à nos jours l'historique de ses monuments anciens et modernes, fortifications, promenades, métiers, commerces, industries et institutions.

Il nous reste à la compléter par quelques faits qui n'ont point trouvé place dans les chapitres précédents, et que nous allons raconter brièvement.

Passage de Louis XIV a Verdun : 1687.

Louis XIV, comme le soleil qu'il avait pris pour emblème, était arrivé à son plein midi. Pendant la seconde moitié de son long règne, la France fut parfois vaincue, souvent dans la misère, mais toujours glorieuse.

Il voulut, au mois de mai 1687, visiter les fortifications de Luxembourg, conquis par ses armes en 1684. Il emmena avec lui toute la Cour : il la conduisait parfois à la guerre ; il pouvait bien la conduire à un voyage d'agrément. Mme de Maintenon, que Louis XIV avait épousée depuis trois ans, fut de ce voyage, ainsi que Vauban, Louvois et Racine.

« *Samedi 17 Mai.* — Le Roi dîna à Vricourt
« (Vraincourt), et alla coucher à Verdun. Il vit, en
« arrivant, le régiment de Soissonnois dont M. de
« Valentinois est colonel (1), c'est un nouveau
« régiment presqu'aussi beau que les vieux. Il fit
« mettre à table, à dîner Mme de Bouville, sœur
« de l'Evêque de Verdun (2). — Il y eut contesta-
« tion entre M. de Bissy, lieutenant du Roi en
« Lorraine, et M. de Vaubecourt, lieutenant du
« Roi en Verdunois : S. M. jugea en faveur de
« M. de Vaubecourt.

« *Dimanche 18 Mai*, jour de la Pentecôte. — On
« séjourne à Verdun, à cause de la fête. Le Roi

---

(1) Fils naturel de Louis XIV et de Mme de Montespan.
(2) M. de Béthume alors évêque de Verdun.

« et Monseigneur (1) firent leurs dévotions. Le
« Roi toucha beaucoup de malades (2) et assista
« le matin et l'après-dînée à l'office. — Après
« diner, le Roi fit le tour de la place et vit les for-
« tifications nouvelles qui ne sont point entière-
« ment finies. Dans la citadelle, le Roi vit un
« bataillon des Vaisseaux (3).

« *Lundi 19 Mai.* — Le Roi va coucher à Estain. »

Il continua sa route par Spincourt et Longwy,
jusqu'à Luxembourg ; et revint la semaine suivante, par le même chemin.

« *Mercredi 28*, à Verdun : — Le Roi vit, en arri-
« vant à Verdun, une grande inondation, parce-
« que l'on avoit retenu les écluses pour lui en faire
« voir l'effet (4). — S. M. changea une ancien
« usage que les chanoines avoient à Verdun, qui
« ne se mettoient point à genoux durant l'éléva-

(1) *Monseigneur* le Dauphin, seul fils légitime de
Louis XIV, mourut en 1711, âgé de 50 ans.

(2) On croyait encore à la puissance du Roi, de guérir
certaines maladies en touchant les malades.

(3) Le régiment d'infanterie Royal des Vaisseaux avait
été créé en 1635, sous Louis XIII, Candalé, puis s'était
appelé Vaisseaux-Mazarin. Il s'appela Royal des Vaisseaux, en 1667. Il était à trois bataillons.

(4) C'était l'inondation du Pré-l'Evêque. Vauban, dans
son système de fortifications, avait fait des écluses qui
retenaient les eaux de ce côté de la Ville et pouvaient
inonder la prairie.

« tion, et qui se couvroient aux processions (1).

« *Jeudi* 29, jour de la Fête Dieu : — Le Roi
« assista à tout le service : M^r l'évêque de Verdun
« officia. — S. M. joua, tous les soirs, au trente
« et quarante, comme il avait joué en venant.

« *Vendredi* 30 : — Le Roi vint dîner à Brabant,
« et coucher à Ste-Ménehould » (2).

Le Roi était descendu au palais épiscopal que l'Evêque avait quitté, pour mettre ses appartements à la disposition de S. M. Ce palais était toujours celui bâti par Nicolas Psaulme.

Louvois et probablement Vauban logèrent au palais du Gouvernement, aujourd'hui Gendarmerie, auquel ressemblait, dit-on, l'Évêché d'alors.

Où l'immortel auteur d'Andromaque et de Phèdre logea-t-il ? Nous voudrions bien le savoir.

PASSAGE DE LA REINE MARIE LECZINSKA : 1725.

Deux mois à l'avance, Messieurs du Conseil avaient ordonné des réparations aux salles, meubles et tapisseries du vieil Hôtel-de-Ville Montaulban, « sur le bruit qui s'est répandu que la Prin-

---

(1) Les chanoines écrivirent immédiatement à M. de Louvois, pour protester de leur soumission au désir de S.M.

Louis XIV fit aussi boucher un puits qui se trouvait dans le bras méridional du transept de la Cathédrale, devant le Vieux Chœur, et où on venait journellement tirer de l'eau. Pour en reconnaître l'emplacement, les chanoines firent graver la lettre P sur la dalle qui en recouvre l'orifice.

(2) *Journal du marquis de Dangeau.*

« cesse, destinée pour être Reyne, passera par
« cette ville ; que dans ce passage, l'Hôtel-de-
« Ville, en marquant son zèle, doit paraître dans
« un habit qui le distingue (1).

Marie Leczinska, épousée à Strasbourg, par spéciale procuration du roi Louis XV, arriva à Verdun le 25 août, à 7 heures du soir, venant de Metz, par Mars-la-Tour et Manheulles.

« La marche d'entrée fut des plus magnifiques », depuis la porte St-Victor, jusqu'à la Cathédrale où la Reine alla d'abord. De la Cathédrale, elle se rendit à l'Evêché où elle soupa à son grand couvert, la salle du festin étant ouverte au populaire.

A 9 heures, un feu d'artifice, ouvrage de Dominique Simon artificier à Verdun, fut tiré dans le Pré-l'Evêque ; mais survint un orage qui mouilla la poudre. Ce feu d'artifice coûta, à la Ville, « mil
« septante quatre livres. »

Le lendemain 26 : Messe en musique à laquelle la Reine assista ; dîner d'apparat ; départ de l'Evêché à 1 heure ; et, à 6 heures, arrivée à Clermont, où S. M. coucha.

Marie Leczinska fut le dernier hôte illustre que reçut le palais de Psaulme. Aussitôt après son départ, l'évêque, Messire d'Hallencourt, le fit démolir.

INONDATIONS DE LA MEUSE DE 1691 ET DE 1740.

« En cette année 1691, dit le curé Vigneron

(1) Registre du Conseil de l'Hôtel-de-Ville.

« dans ses Notes écrites sur la marche des re-
« gistres de sa paroisse St-Amand, au mois de
« Janvier, le jour de la Conversion de St Paul,
« les eaües crurent d'une telle force, qu'elles estoient
« le haut d'un pied dans le jardin de la cure, et
« se répandirent dans toute la ville sans qu'*aucun*
« *des pontz ayent esté emenèz* : Ce qu'on peut
« attribuer à la construction des digues et mu-
« railles dans la prairie l'Evesque, qui ont présen-
« tement la force de retenir les eaües au-dessus de
« la prairie, dans le tems des inondations, deux
« ou trois pieds plus qu'avant que la ville fut
« fermée en cet endroit là. »

Mais l'inondation de 1740 fut plus terrible.

Des fontes de neiges, suivies de grandes pluies, avaient amené une très forte crue de la Meuse.

Le 21 Décembre, les divers cours d'eau, qui traversent Verdun, extraordinairement gonflés, sortirent de leurs lits, et se répandirent dans toute la Ville-Basse où ils causèrent d'incalculables dégats : Quelques personnes furent noyées. La Digue, nouvellement construite, fut emportée en deux ou trois endroits. On circula en barque dans plusieurs rues de la Ville. Lss eaux montèrent à près de 8 pieds au couvent des Récollets.

Sur l'un des montants de la porte du jardin de ce couvent se trouvait encore, il y a une vingtaine d'années, une bande noire indiquant la hauteur que les eaux avaient atteinte. La porte a été démolie ; mais on a remplacé la bande par une inscription, gravée sur le haut d'une croisée voisine, rappelant cette hauteur et la date du *21 Décembre 1740*.

Ce fut du reste le dernier grand débordement de la Meuse à Verdun. L'Administration des Eaux et Forêts fit supprimer le bordage en pierres qui reliait, à travers la Meuse, les moulins de Magdelène et St-Maur, ce qui facilita l'écoulement des eaux. Ce fut à la même occasion qu'on reconstruisit en pierres le pont Sainte-Croix, dont les vieilles piles en bois avaient été mises à découvert par l'abaissement du niveau de la Meuse.

VERDUN HORS LA LOI :

†LES VIERGES DE VERDUN : 1792.

Nous l'avons dit : Verdun capitula le 2 septembre 1792.

Aussitôt que la capitulation fut reçue par les Prussiens, le général Kalkreuth entra en ville pour régler la remise de la place en leurs mains.

Sa mission terminée, il sortait à cheval avec son escorte, par la Porte Chaussée, quand un coup de fusil, tiré d'une maison au faubourg Pavé, abattit, près de lui, un lieutenant de hussards, « le comte « de Henkel. »

Ce malheureux coup de fusil fut cause qu'immédiatement on ne parla de rien moins, au camp Prussien, que d'annuler la capitulation et de brûler la ville.

Mais, avant même qu'on ne connut, à Verdun, ces intentions menaçantes, les Autorités municipales s'étaient rendues au quartier général ennemi, qui se trouvait à Bras, afin d'offrir les réparations convenables. Le Roi de Prusse, Frédéric Guillaume II, refusa de les recevoir.

Ce fut alors, dans l'effroi que causaient en ville, et l'incertitude pleine d'angoisses que l'on avait sur les dispositions du roi de Prusse et l'attente douloureuse où l'on était des terribles choses qui pouvaient avoir lieu, ce fut alors, dis-je, que quelques femmes proposèrent de courir à Bras, et *d'offrir une corbeille de dragées* au Roi.

Cette idée fut accueillie avec empressement. La corbeille de dragées fut achetée ; et l'on choisit une députation de jeunes filles pour aller la présenter au Roi.

Pauvres jeunes filles ! elles ne se doutaient guère que ce choix les désignait pour l'échafaud !

Mme de Lalance, la tante de trois d'entre elles, prêta ses chevaux et son *chariot à foin*, que l'on accommoda comme l'on put, et l'on partit à la hâte pour le quartier général Prussien. Leurs mères et quelques autres personnes accompagnaient les jeunes filles « *qui étaient en blanc et mises fort simplement.* »

Elles furent reçues. L'accueil de Frédéric-Guillaume fut poli mais froid ; *il refusa les dragées parce qu'elles ne lui étaient point offertes par les autorités.*

Quant au bal donné à Regret par le roi de Prusse, bal auquel auraient dansé les jeunes filles, c'est une infâme calomnie. Jamais le roi de Prusse ne donna de bal à Regret (1).

Avec les Prussiens, entrèrent à Verdun Monsieur, depuis Louis XVIII, le comte d'Artois, depuis Charles X, le prince de Condé, un régiment d'émigrés, et l'évêque Desnos avec une partie du clergé de la ville.

L'irritation et la terreur furent extrêmes à l'Assemblée Nationale et à Paris, lorsqu'on apprit la capitulation de Verdun.

On oublia ses remparts délabrés, son artillerie insuffisante servie par cinquante-deux artilleurs, ses munitions presque nulles, la faiblesse de sa garnison composée presque de volontaires, et les 60,000 Prussiens qui l'assiégeaient ! On ne vit qu'une chose : la Capitulation.

Beaurepaire, en se faisant sauter la cervelle, avait racheté, par sa mort et par son sang, la pusillanimité des officiers de la garnison compo-

(1) Le Roi n'entra pas à Verdun. Il alla habiter pendant deux jours à Regret, une maison située au milieu du village, à gauche, en sortant de Verdun. Il y laissa un portrait de femme, qui est entre les mains de M. le docteur Madin, que son grand âge a fait presque contemporain de cette époque.

Cette maison sert aujourd'hui de maison d'école.

sant le Conseil de défense, qui avaient livré la place à la première sommation de l'ennemi, après quelques heures de bombardement. On ne jeta pas le mot de lâches à la face des soldats. On aima mieux accuser les habitants, dont quelques uns, il est vrai, avaient demandé la capitulation, mais auxquels le Conseil de défense aurait dû résister...

C'est pourquoi, une *Loi* de l'Assemblée nationale, datée « du 14 septembre 1792, l'an 4ᵉ de la liberté » et contresignée Donton, « déclara les habitans de « Verdun traitres à la Patrie, et indignes de faire « partie de l'Empire comme s'étant lâchement « livrés au pouvoir de l'ennemi » :

« Que dès lors, ils devaient être traités comme « des François qui ont renoncé à leur pays » :

« En conséquence, leurs propriétés sont mises « sous la main de la Nation. Les payemens qui « doivent être faits par le trésor national, aux « habitans de Verdun, pour offices et créances « nationales, sont suspendus jusqu'à ce qu'il ait « été prononcé sur leur conduite. »

Les Prussiens allèrent se faire battre à Valmy, le 20 septembre. Le 14 octobre, les Français rentrèrent à Verdun ; et trois jours après, le duc de Brunswick disait à Kellermann qui le poursuivait : « Eh bien ! rentrons chacun chez nous, comme « gens de noces ! »

La terreur de l'ennemi passée, la colère contre Verdun tomba. Cavaignac fit décréter par la Convention, au mois de février 1793, « que Verdun « n'avait pas démérité de la Patrie. »

Mais le pardon, accordé par la Convention, aux habitants de Verdun, ne fut pas complet. Il fallait que quelques uns payassent pour tous ! Il fallait des Victimes à la Terreur. On les choisit intéressantes.

Ce furent les huit jeunes filles qui avaient offert des dragées au roi de Prusse.

Vingt-sept habitants de Verdun furent arrêtés avec elles, les suivirent dans les prisons, et les accompagnèrent à l'échafaud.

Associés dans ce que la Terreur appela leur *crime* ; associés dans leur châtiment ; ils doivent l'être aussi dans le souvenir des Verdunois. Outre Mme Tabouillot, la mère de l'une de ces jeunes filles, ces vingt-sept victimes étaient quelques officiers, des gendarmes, des ouvriers, quelques ci-devant fonctionnaires, des prêtres et des femmes du peuple.

Mais, c'est sur ces innocentes victimes que se portent nos regards attendris ; comme s'y sont portés les regards de Delille, de Victor Hugo, et de Lamartine, qui les ont saluées, dans des pages immortelles, sous le nom de Vierges de Verdun.

Nous ne raconterons pas leur douloureuse histoire, pendant les 19 mois que dura leur captivité.

Interrogées à l'Evêché devant un Tribunal révolutionnaire formé à la hâte, et présidé par un moine apostat ; enfermées à St-Maur où elles passent l'hiver ; puis transférées, pour y être jugées par le Tribunal du Département, à St-Mihiel où la populace veut les jeter à l'eau ; prisonnières au couvent des Annonciades de cette ville, où elles restèrent près d'une année ; ramenées à Verdun au commencement de 1794, et, le 10 Mars, transportées à Paris, où elles arrivèrent, après un long voyage de 14 jours fait sur *des chariots découverts, sans un peu de paille pour s'y asseoir* ; mises au cachot, à la Conciergerie ; menées, le 5 Floréal an II (24 Avril 1794) devant le Tribunal révolutionnaire, présidé par l'affreux Fouquier-Tinville qui, si on en croit Victor Hugo, leur eut volontiers vendu, au prix de leur honneur, le droit de vivre ; et enfin, condamnées à mort, et exécutées le lendemain, 6 Floréal.... Jamais elles ne se départirent, un seul instant, du calme et de la sérénité d'esprit, de la douceur, de la patience et du courage qui convenaient à leur innocence et qu'elles puisaient dans une angélique piété !

Le 6 Floréal donc, une longue file de charrettes se dirigea vers la place de la Révolution, conduisant au supplice les huit *Vierges de Verdun* et leurs compagnons de chaînes.

Voici leurs noms, insérés au *Moniteur universel* du tridi 13 Floréal an II, (2 mai 1794) :

A.-J. *Néyon*, demeurant à Triaucourt, département de la Meuse, ci-devant lieutenant-colonel au

2ᵉ bataillon de volontaires de la Meuse, qui avait remplacé Beaurepaire dans le commandement de la place de Verdun ;

H. B. *Grimoard*, âgé de 70 ans, né et domicilié à Verdun, colonel d'artillerie dont nous reparlerons ;

J. N. d'*Aubermesnil*, né à Aubermesnil, près de Dieppe (Seine-Inférieure, âgé de 75 ans, major de la citadelle de Verdun ;

H. J. de *Croyer*, âgé de 52 ans, né à Laon (Aisne), domicilié à Verdun, capitaine d'ouvriers d'artillerie ;

J.-B. *Pellegrin*, âgé de 52 ans, né à Gondrecourt (Meuse), capitaine de gendarmerie, brigadier et garde du ci-devant comte d'Artois, domicilié à Verdun ;

M. *Joulin*, âgé de 31 ans, né à Comet (Anjou), gendarme à Verdun ;

G. *Desprez*, âgé de 30 ans, né à Givet de Saint-Hilaire, gendarme à Verdun ;

N. *Milly*, âgé de 31 ans, né et domicilié à Verdun, gendarme ;

B. *Leclerc*, âgé de 52 ans, né à Thionville (Moselle), gendarme à Verdun ;

N. *Lamèle*, âgé de 47 ans, né à Morgemoulin (Meuse), avoué, domicilié à Verdun ;

J.-B. *Barthe*, âgé de 62 ans, né à Thionville, receveur de la commune et juge de paix de Verdun ;

J. B. *Perrin*, âgé de 50 ans, né et domicilié à Verdun, droguiste ;

P. *Thuillier*, âgé de 61 ans, né et domicilié à Verdun, vigneron ;

F. *Fortin*, âgé de 43 ans, né à Ancerville (Meuse), domicilié à Verdun, cirier ;

F. *Cholin* fils, âgé de 31 ans, né et domicilié à Verdun, perruquier ;

J. *Petit*, âgé de 50 ans, né et domicilié à Verdun, vigneron ;

J. *Gossin*, âgé de 62 ans, né à Fresnes (Var), chanoine de la Magdelène de Verdun et y demeurant ;

J.-M. *Collot*, âgé de 72 ans, né en duché de Bouillon, domicilié à Verdun, bénédictin ;

C.-E. de *Lacorbière*, âgé de 59 ans, né à Juvigny (Meuse), ex-doyen du chapitre de la cathédrale de Verdun ;

G. *Lefevre*, âgé de 62 ans, né à Cartigny, près Péronne (Somme), bénédictin à Verdun ;

Ch. *Herbillon*, âgé de 76 ans, né à Boureuilles, près Varennes (Meuse), ci-devant curé de St-Médard de Verdun ;

T. *Pierson*, femme *Bestel*, âgée de 41 ans, née à Genicourt (Meuse), cordonnière à Verdun ;

G.-M. *Dauphin*, âgée de 58 ans, née et domiciliée à Verdun, veuve de *Brigand*, capitaine de grenadiers de France ;

Marguerite *Croutte*, âgée de 46 ans, née à Verdun, horlogère ;

Françoise *Herbillon*, âgée de 55 ans, née à Donne,

domiciliée à Verdun, veuve de *Masson*, procureur du tyran en la ci-devant maitrise des eaux et forêts ;

Anne *Grand-Fèvre*, âgée de 46 ans, née et domiciliée à Verdun, femme de F. *Tabouillot*, ex-procureur du tyran au baillage de Verdun.

Claire TABOUILLOT, âgée de 17 ans, fille des précédents, née et domiciliée à Verdun ;

M.-F. *Henry*, femme *de Lalance*, âgée de 69 ans, née et domiciliée à Verdun ;

Suzanne HENRY, âgée de 26 ans, née et domiciliée à Verdun, fille de *Henry*, président du ci-devant baillage de Verdun ;

Gabrielle HENRY, âgée de 25 ans, fille dudit Henry ;

Barbe HENRY, âgée de 17 ans, fille du même ;

M.-A. LAGIROSIÈRE, âgée de 18 ans, née à Bonzée (Meuse), domiciliée à Verdun, fille de *Lagirosière*, prévôt de la campagne ;

Anne VATRIN, âgée de 25 ans, née à Etain, domiciliée à Verdun, fille de défunt *Vatrin*, militaire ;

Henriette VATRIN, âgée de 23 ans, née à Etain, domiciliée à Verdun, fille dudit Vatrin ;

Hélène VATRIN, âgée de 22 ans, née à Etain, domiciliée à Verdun, fille du même.

Disons avec Delille :

« Vous eûtes la beauté ; vous eûtes le courage !

« Vous vîtes sans effroi le sanglant tribunal ;

« Vos fronts n'ont point pâli sous le couteau fatal !

Deux de ces jeunes filles n'avaient encore pas

dix huit ans : c'étaient Claire Tabouillot et Barbe Henry... La loi leur faisait grâce de la vie ; mais elles voulaient mourir !...

Elles cherchèrent en vain, par une supercherie héroïque et touchante, à prendre la place de leurs compagnes...

Pour elles, « la peine de mort fut commuée en « vingt ans de détention, avec exposition préalable « de leurs personnes sur l'échafaud, attachées à un « poteau où seront inscrits leurs noms, prénoms, « qualités, âges, demeures et cause de condam- « nation. »

Claire Tabouillot et Barbe Henry furent rendues à la liberté, quatre mois après, à la suite du 9 thermidor, qui, à son tour, envoya Robespierre à l'échafaud.

La Roche pendant la Grande Révolution.

Le 14 Juillet 1792, troisième anniversaire de la prise de la Bastille, « un Autel fédératif. » — Verdun donnait encore un caractère religieux à cette fête civile ; mais à Paris, au lieu d'un autel, ce fut un immense bûcher qu'on éleva, — « un Autel fédé- « ratif », dis-je, fut élevé sur la Roche : l'évêque Aubry y officia, entouré de toute la pompe mili- taire, civile et religieuse possible, et au milieu d'une foule immense ; de cette foule qui court, du reste, à tous les spectacles.

Il existe encore quelques lithographies, reproduc- tion d'un tableau de l'époque, représentant cette fête, l'autel, la Roche, et ses grands arbres.

Cette démonstration religieuse du 14 Juillet 1792 n'a rien qui doive étonner. Le fanatisme révolutionnaire, intolérant et farouche, n'avait point encore pénétré à Verdun.

On y avait généralement accueilli avec joie les réformes de 89. C'était le vieux levain *communal* qui se soulevait, rien qu'au mot de liberté. Mais, si on ne voulait plus des abus de l'ancien régime, on y repoussait aussi les excès du nouveau. Les arrestations, opérées après le siège, avaient épouvanté la population. On y était *modéré*, pour me servir d'une expression de l'époque : on y était *Centre gauche*, dirait-on aujourd'hui.

Le 31 Mai 1793, le Conseil de la Commune n'avait pas craint d'assister en corps aux processions de la Fête Dieu. Le culte religieux s'exerçat librement en ville, par des prêtres *constitutionnels* c'est vrai, jusqu'au mois de novembre de la même année.

C'était la *Société des Amis de la liberté* qui menait l'opinion. Elle renfermait, parmi ses membres, les hommes les plus intelligents et les mieux intentionnés de la bourgeoisie de Verdun. Pourtant elle alla beaucoup plus loin qu'elle ne voulait d'abord.

Elle tenait ses assemblées dans le couvent des ci-devant Augustins. On y avait applaudi à un discours contre le Dix Août ; on y avait protesté contre certaines mesures de la Convention ; on demandait son renouvellement, son transfert hors Paris....

Délayant était, à Verdun, le chef de cette politique relativement modérée. Il voulait, et avec lui la bourgeoisie Verdunoise voulait aussi qu'on s'arrêtât là : Mais, il était trop tard pour s'arrêter maintenant.

Leur dernière concession fut la *fête du 14 Octobre 1793,* anniversaire de la rentrée des Français à Verdun.

« Toutes les autorités, civiles, judiciaires,
« militaires et ecclésiastiques, s'étant réunies à
« la Mairie, traversèrent processionnellement la
« Ville, au milieu d'une haie de gardes nationales
« et de troupes de lignes. Le cortège était fermé
« par la gendarmerie à cheval, escortant un vaste
« tombereau qui trainait tous les *vestiges du gou-*
« *vernement monarchique, portraits des tyrans, ceux*
« *de leurs vils Courtisans, les attributs de l'affreux*
« *despotisme, les emblêmes de l'esclavage, les anciens*
« *drapeaux blancs des régiments et de la milice bour-*
« *geoise, les bannières des corporations, des ceintures*
« *blanches d'émigrés, des armes et des drapeaux*
« *rouges qui jamais n'avaient été déployés à*
« *Verdun.* »

Arrivé sur la Roche, appelée, pour la circonstance, place de la Révolution, le tombereau fut hissé sur un énorme bûcher, auquel le Maire mit le feu, aux acclamations de la foule présente, au bruit du canon et des hymnes patriotiques entonnées par les chantres de la Cathédrale.

Malgré ce gage donné à la République, la Commune de Paris, qui gouvernait la France, envoya à Verdun le représentant du peuple, Bô, avec mission d'y écraser le *modérantisme*, d'y donner du courage et de l'audace aux *vrais patriotes* trop peu nombreux ; et enfin d'y faire régner la Terreur, telle qu'elle régnait dans toute la France.

Bô, à peine arrivé, (novembre 1793), fit remplacer tous les officiers municipaux et les juges, *épurer* tous les fonctionnaires, incarcérer les suspects, arrêter ou déporter les prêtres réfractaires, chasser les assermentés, supprimer le culte du *ci-devant nommé Dieu*, et remplacer les fêtes religieuses par les saturnales immondes en l'honneur de la Déesse Raison qui monta sur l'autel de la Cathédrale.

On fit de la monnaie avec tous les objets d'or et d'argent qui se trouvaient dans les Eglises, puis on les livra au pillage.

Alors, les confessionnaux, les chaires à prêcher, les bancs, les tableaux, les croix, les statues, les bannières, les livres, en un mot tout ce qui était dans les Eglises et servait au culte fut apporté, de droite et de gauche, sur la Roche, où des hommes payés en faisaient au fur et à mesure un vaste bûcher. Le bûcher fait, on l'alluma ; et pendant deux heures que durèrent les flammes, une populace ivre d'une joie malsaine, et peut-être aussi de vin et de débauche, hurla et dansa autour !

Il y a des circonstances où les honnêtes gens se retirent : alors, les quelques individus, qui paraissent, semblent vraiment s'appeler *Légion*, et avoir cent bras et cent voix !

Mais, sur la Roche, à ces bûchers où l'on brûlait les *vestiges de la féodalité et les emblêmes de la superstition*, allait succéder l'échafaud, plus sinistre encore ; après les orgies populaires, le sang !

Les hommes, qui, en 89, avaient pris la tête du mouvement, étaient à présent devenus les chefs du parti modéré à Verdun, comme l'étaient devenus, à Paris, et Roland, et Bailly et tant d'autres. Ordre fut donné de les arrêter.

C'étaient : Louis Mouton, secrétaire particulier de M. Desnos, puis vicaire épiscopal de M. Aubry ; J.-B. Mareschal, bourgeois de Verdun ; Perrin, directeur de la poste aux lettres ; Delayant, qui avait prononcé, contre la Convention, un discours réactionnaire ; et sa mère, à qui on fit un crime d'avoir caché son fils dans sa maison !

Le Tribunal révolutionnaire, qui devait les juger, vint de Bar ; on amena en même temps de St-Mihiel, la guillotine qui devait leur trancher la tête !

Le procès ne fut pas long. La sentence de mort fut prononcée, dans l'église Cathédrale, le 6 Floréal, à 10 heures du soir, (25 Avril 1794) ; et les condamnés, immédiatement conduits sur la Roche.

Sur la Roche, la guillotine, dressée à l'avance, les attendait ; des Sans-Culottes portaient des flambeaux ; quelques soldats, attristés, se tenaient l'arme au pied ; les ténèbres rendaient encore plus effrayant le silence involontaire de tous ; et les grands arbres, dépouillés, ressemblaient à des squelettes. La mère de Delayant monta la première à l'échafaud ; son fils et les trois autres victimes la suivirent. Tout était fini pour minuit !

Le sang fumait encore, à Paris, sur l'échafaud où, le même jour, avaient été exécutés les *Vierges de Verdun* et leurs 27 compagnons !

Il y eut encore plusieurs Verdunois, même des enfants, arrêtés. Les uns furent menés à Bar ; les autres furent enfermés à St-Maur. Ils attendaient en prison l'heure fatale, quand la mort de Robespierre leur sauva la vie (1).

Les Anglais prisonniers a Verdun.

Au commencement de 1803, eut lieu la rupture de la paix d'Amiens, conclue, en 1801, avec l'Angleterre.

Le Premier Consul fit arrêter tous les Anglais qui se trouvaient alors en France. Il y avait, parmi eux, des négociants, des officiers et des

---

(1) Un Bourlon, dont le fils se battait aux armées de la République, fut incarcéré à St-Maur.

Deux Vadin, le père et le fils, enfant de 15 ans, furent conduits dans les prisons de Bar.

marins; de très beaux noms et de grandes fortunes.

Ils furent presque tous internés à Verdun ; ils étaient au nombre de 600.

Leur captivité n'était pas rigoureuse. Ils vivaient en ville; étaient libres d'aller et de venir; seulement, tous les soirs, ils étaient obligés d'aller, à la citadelle, répondre : *présent*, à l'appel d'un officier de place.

Ils demeurèrent prisonniers de guerre pendant onze années, jusqu'en 1814, charmant les ennuis de leur captivité par des combats de coqs, des courses de chevaux, et surtout par le jeu.

Pendant le rude hiver de 1812, ils donnèrent, dit-on, un bal sur la glace, entre le pont Ste-Croix et le pont des Augustins !

Beaucoup avaient été rejoints par leurs femmes.

En 1814, ils furent rendus à la liberté.

Les dettes, qu'ils ont laissées à Verdun, accumulées depuis 80 ans, intérêts et capital, donneraient aujourd'hui trois millions de fortune, à chaque Verdunois !

Nous avions encore, il y a quelques années, des descendants de familles Anglaises, qui avaient fait, de leur prison, leur patrie adoptive.

PASSAGE DE NAPOLÉON-LE-GRAND A VERDUN.

Napoléon le-Grand passa souvent à Verdun, allant en Allemagne ou en revenant. Mais, il y passait, ainsi que le faisait César se rendant dans les Gaules : *cum summâ diligentiâ*.

Après la désastreuse campagne de Russie, en décembre 1812, il traversa une dernière fois notre ville, retournant rapidement à Paris, et s'arrêta à l'hôtel des Trois-Maures, pour relayer sa voiture de poste.

On raconte que pendant qu'on dételait les chevaux et qu'on en attelait d'autres, il descendit un instant de sa voiture : entra dans la cuisine de l'hôtel, suivi, à quelques pas, de Duroc, de Caulaincourt et de Mouton, comte de Lobau ; et alla, sombre et muet, se chauffer au large foyer comme il se chauffait au bivouac.

Il fut reconnu : du reste, la nouvelle de l'horrible catastrophe de Moscou l'avait devancé en France.

A son aspect, à l'aspect d'une telle grandeur et d'une telle infortune, maître et serviteurs, presque tremblants, se tinrent à l'écart, respectueux et silencieux.

Napoléon resta cinq minutes auprès du feu ; puis remonta en voiture, sans qu'un seul cri fut venu trahir son incognito, et rompre le silence qui se faisait autour de lui.

LE PONT DES COSAQUES.

Les mêmes chemins, qui avaient si souvent conduit nos soldats victorieux en Allemagne, nous les ramenaient, après 20 ans, vaincus et poursuivis, à leur tour, par toutes les armées combinées de l'Europe : elles entrèrent en France, le 1er Janvier 1814 !

Mais elles n'entrèrent point à Verdun.

L'énergique général Dumolard, qui commandait la place, ne pouvant rien changer aux destinées de la France, voulut au moins éviter, à notre Ville, la honte de l'occupation étrangère.

Il fit des promesses ; il fit des menaces : et une convention fut conclue entre lui et le général commandant le corps d'armée Russe qui devait passer par Verdun.

Des pontonniers construisirent aux Russes un pont de bateaux, sur la Meuse, en aval de Verdun, à la Galavaude, près de l'endroit où sont aujourd'hui le pont et la route militaires.

Et sur ce pont, appelé, par les anciens, *Pont des Cosaques*, les régiments Russes, tournant autour de Verdun, passèrent pour aller se faire battre par Napoléon, dans les plaines de la Champagne. Victoires inutiles, qui ne les empêchèrent pas d'arriver à Paris.

Les officiers Russes, seuls, pouvaient entrer en ville.

Le général Dumolard prit sa retraite à Verdun, où il mourut, vers 1825.

PASSAGE DE CHARLES X A VERDUN : 1828.

Le 2 septembre 1828, trente-six ans, jour pour jour, après y être entré à la suite de l'armée Prussienne, Charles X vint à Verdun.

Rien d'intéressant dans cette visite royale qui se fit avec toute l'étiquette de l'ancienne Cour... Mais Charles X n'était pas Louis XIV !

Cependant, il en reste un souvenir : c'est une médaille en bronze, module d'un sou, frappée par la ville.

La face de la médaille porte la tête de « Charles X, roi de France et de Nav. » Et sur le revers, se trouve l'inscription suivante : « *Au meilleur des Rois, la Ville de Verdun. — 2 septembre 1828.* » Moins de deux ans après, on devait le chasser du trône !

Passage de Louis-Philippe : 1831.

Louis-Philippe, qui était presqu'aussi vieux que Charles X, nous paraît *plus moderne*; mais il ne ressemblait pas plus à Napoléon, que Charles X ne ressemblait à Louis XIV.

A peine monté sur le trône, il visita les provinces de l'Est, et vint à Verdun, au mois de Mai 1831.

Son arrivée fut le signal d'une grande manifestation de la Garde Nationale, nouvellement reconstituée. De tous les points du Département de la Meuse, des plus obscurs hameaux comme des villes, accourut, à Verdun, la *Milice citoyenne*, afin de saluer le *Roi citoyen* !

Trente-huit mille Gardes Nationaux se massèrent dans le champ de mars, et dans les terres voisines dont les blés furent coupés ; puis ils défilèrent, pendant deux heures, sous une pluie battante, devant le Roi qu'accompagnaient ses deux fils, Orléans et Nemours, le maréchal Gérard et un nombreux état-major.

Cette manifestation, que l'on ne pourrait peut-être pas susciter aujourd'hui, était le résultat d'un enthousiasme un peu naïf peut-être, mais vrai et sincère, sinon durable, pour la nouvelle royauté, pour la monarchie constitutionnelle.

La veille, Louis-Philippe avait remis, aux régiments de ligne, leurs nouveaux drapeaux tricolores.

LE 13 SEPTEMBRE 1873.

En parlant du Siège de 1870, nous avons dit que Verdun avait dû, à sa glorieuse résistance, l'honneur exceptionnel de conserver son matériel de place, l'artillerie de ses remparts, les armes de ses soldats, ses poudres, ses munitions de guerre et ses vivres. Il avait obtenu également d'être dispensé de toutes réquisitions et contributions de guerre.

Quand, dans les premiers mois de 1873, fut signée la convention, qui fixait, au commencement de septembre, la libération complète du territoire, Verdun eut encore l'honneur de se dévouer.

Avec une magnanimité, dont la France lui doit être reconnaissante, notre vaillante Cité accepta d'être le dernier gage de la parole Française : elle accepta le lourd fardeau de l'occupation Prussienne, jusqu'au paiement intégral des cinq milliards.

Les Prussiens conservaient une route d'étapes depuis Verdun jusqu'à leur nouvelle frontière, par Etain et Conflans.

Le samedi 13 Septembre devait être le jour de la délivrance.

A 8 heures du matin, le général Manteuffel, à cheval, passait, sur la Roche, la revue de ses Prussiens, au nombre de 4,500 hommes, infanterie, cavalerie et artillerie. Ils poussèrent leurs *hurrahs* traditionnels et sauvages, et se mirent en route.

La ville, qu'ils traversèrent, pour sortir par la porte de la Chaussée, semblait morte sur leur passage. Mais la vie renaissait derrière eux; à mesure que le dernier soldat dépassait une maison, tout-à-coup portes et fenêtres s'ouvraient ; et des drapeaux tricolores apparaissaient aux fenêtres, et de joyeux visages se montraient sur toutes les portes.... Une demi-heure après toute la ville était en fête...

Le dernier soldat Prussien avait quitté nos murs.... pour n'y plus revenir... J'en atteste ces souvenirs, et notre haine ! J'en atteste le courage de nos soldats, et les formidables retranchements qui, entourant cette fois notre Ville, en font la plus forte place de France !

Le même jour, vers 3 heures, entrèrent, musique

en tête, l'état-major et un bataillon du 94ᵉ. Ce fut du délire, quand les premiers soldats franchirent la porte de France : il y avait trois ans que nous n'avions vu de *pantalons rouges*! Toutes les mains se tendirent vers eux; une immense acclamation les salua ; et une pluie de fleurs tomba sur leurs baïonnettes.

Le soir, toutes les maisons particulières, tous les établissements publics furent illuminés. Pas une abstention cette fois ; pas de dissidents. Tous les cœurs se confondaient dans un même sentiment : la joie de ne plus voir les Prussiens ! la joie d'être libres !

MOUVEMENT DE LA POPULATION A VERDUN.

Quelle fut la population de Verdun aux temps anciens, quand, resserré dans les murs du *Castrum*, il n'était point encore descendu sur les bords de la Meuse ? On ne sait : quelques centaines d'habitants, sans doute. On ne le sait pas davantage, au VIᵉ Siècle, sous St-Airy, quand Venance Fortunat disait de notre ville :

Urbs Virduna, brevi quamvis claudaris in orbe: ni plus tard, lorsqu'il s'étendit du côté de St-Vannes, et sur les divers bras du fleuve.

Au XIIIᵉ Siècle, Verdun semble avoir été plus considérable qu'il ne l'est aujourd'hui. L'armée de *treize mille hommes* que les Verdunois, en 1246, mirent sur pied, au dire de deux chroniques contemporaines, celle d'Auxerre et celle de

St-Vannes, en est la preuve. Sans doute dans cette armée, il y avait beaucoup d'étrangers à la solde de la Ville, beaucoup de *soldoyers*. Mais il n'en est pas moins vrai que ce chiffre de *treize mille*, défalcation faite de ses *soldoyers* et de ses alliés, représente au moins une population de 25 mille habitants.

Cette population diminua certainement au XVe et surtout au XVIe Siècle. Pour quelles raisons? Dom Cajot croit que ce sont les guerres de la Ligue, celles de la minorité de Louis XIII, les invasions allemandes, vingt fois renouvelées, « le « continuel passage des Reitres, appelés par les « princes d'un parti ou de l'autre, enfin les pestes « des années 1633 et 1636, qui ont diminué du « tiers la population de Verdun. »

De 1586, date le premier dénombrement de la Ville, que nous connaissons. De ce dénombrement « il appert que le nombre des personnes bour- « geoises, le clergé non compris, est de 8,000. » En 1730, ce nombre était de 8,403, le faubourg et le clergé toujours non compris. En 1739, de 9,993, clergé et faubourgs compris, et ces 9993 habitants étaient logés dans 1188 maisons dont 247 sont aux faubourgs ou à la citadelle.

En 1775, il y avait à Verdun, dans l'intérieur de l'enceinte fortifiée, 1569 maisons numérotées. « Les maisons de la citadelle ne sont pas com- « prises, non plus que celles des deux faubourgs.

« Le premier *numéro* des maisons est à celle de
« *Bourlon*, près le pont Sainte-Croix. Le dernier
« *numéro* est au corps-de-garde voisin, n° 1569.

La population était alors, les faubourgs avec
Haudainville et le clergé compris, de 9,524 habitants, répartis ainsi qu'il suit, d'après Dom Cajot :

Hommes mariés, ou veufs.	1.800
Femmes mariées, ou veuves.	2.182
Garçons	2.004
Filles	2.176
Valets	241
Servantes	436
Ecclésiastiques	123
Religieux	126
Religieuses	155
Hôpitaux	281

On voit, par ce détail, que la garnison n'était
point comprise dans la population.

En 1790, il y a mouvement ascensionnel : la
population monte à 10,280 habitants, toujours le
clergé, les faubourgs et Haudainville compris.
Haudainville ne fut érigé en commune, indépendante de Verdun, qu'en 1793.

Un demi-siècle après, garnison comprise, la
population était de 13,448 habitants.

En 1861, elle était retombée à 12,542.

Au recensement de 1866, elle remonte à 12,941,
dont 2,705 hommes de garnison.

A celui de 1872, nous baissons de nouveau, et

nous n'avons plus que 10,738 ; il est vrai que nous n'avions plus de garnison française. La population flottante, comprise dans ce chiffre, était de 698 hommes.

Celui de 1876 donne 15,781, dont 4,313 de garnison.

Celui de 1881 ne donne que 15,856 ; mais nous n'avons plus qu'une garnison de 2,970 hommes.

Enfin, le dernier dénombrement, celui de 1886, porte la population de Verdun à 17,755, dont 4,791 de garnison sur le territoire.

Notre population suit donc un mouvement ascensionnel. Peut-être Verdun reviendra-t-il ce qu'il était au XIIIe Siècle.

La ville fut, depuis le XIVe Siècle jusqu'à la Révolution, partagée en *Mairies*, correspondant presque à nos Sections actuelles.

Ces *Mairies* avaient chacune leur Maire chargé du soin de faire exécuter les règlements de police générale, et de tenir au courant le rôle des habitants.

En 1700, les *Mairies* étaient au nombre de vingt-cinq.

Haudainville formait une *Mairie*. Glorieux, Jardin-Fontaine et Regret en faisaient une autre. Enfin, le Pavé avait aussi la sienne. La *Mairie* de la Roche remplaçait l'ancienne Mairie de Saint-Vannes, dont il est quelquefois question dans l'histoire de Verdun.

Deux Coutumes qui s'en vont.

Il y a 40 à 50 ans, au moment des vendanges, on entendait, tous les matins, dès la pointe du jour, crier, dans toutes les rues de Verdun : *Journée ! Journée !*

C'étaient des centaines de manœuvres qui s'en allaient, qui à une place, qui à l'autre, s'offrir aux vignerons pour vendanger leurs vignes : contrairement aux ouvriers de l'Evangile qui attendaient que le père de famille vint les chercher !

Il y avait alors des vignes, non seulement à la côte St-Michel et aux Epiloux, où il en reste quelques-unes, mais encore sur tous les coteaux avoisinant Verdun ; et dans la plaine de Charmois, qui se trouve à l'Est de la ville, non loin du faubourg Pavé, et dans la contrée de Monjardin, qui est proche des remparts.

Le vin de Verdun était léger, pétillant et très agréable à boire.

Aujourd'hui les vignes se défrichent, et bientôt il n'y en aura plus à Verdun. Par conséquent, les joyeux vendangeurs ont disparu.

Plus tard, on s'expliquera difficilement l'existence de ces grandes caves qui se trouvent sous les anciennes maisons, hautes et voûtées comme des nefs d'Eglise, souvent à deux étages, dans lesquelles les vieux Verdunois remisaient leurs vins.

Pourtant elles ont servi à autre chose, pendant le bombardement qui dura 80 heures, en 1870 :

elles ont servi à abriter la partie de la population que son devoir, ou son dévouement, n'appelaient pas sur les remparts ni aux incendies. Mais, désormais, avec les projectiles nouveaux dont dispose l'artillerie, les caves deviendraient un refuge dangereux.

Une autre vieille coutume qui s'en est allée aussi, depuis une quinzaine d'années, c'est celle de *réveiller les fêtes*.

Huit jours avant l'Assomption, fête de la Cathédrale et de toute la ville, et huit jours avant la St-Maurice, dernier dimanche de septembre, fête patronale de St-Victor, les jeunes gens du peuple, filles et garçons, se réunissaient chaque soir, organisaient des rondeaux, et parcouraient la ville en dansant et en chantant de vieilles chansons, bien naïves et parfois fort gauloises, que l'on se transmettait d'une génération à l'autre :

« A-t-on jamais vu
« Coudre, coudre, coudre,
« A-t-on jamais vu,
« Coudre, coudre si menu ?

Aujourd'hui, on n'entend plus ces joyeux refrains, qui éclataient comme des fusées, au milieu de la nuit ; on ne *réveille* plus ni la Notre Dame, ni les *Harnas*.

Ces vieilles coutumes s'en vont, où vont les neiges d'*antan* !

Le gros peuplier.

Le *gros peuplier*, ainsi on l'appelle, se trouve en face du chemin des *Jardins* qui va, par derrière, au faubourg Pavé, et sur le bord de la route nationale, n° 64, de Neufchâteau à Mézières, qui longe les glacis de nos remparts.

Géant solitaire, témoin d'un autre âge, que tout Verdun et ses environs connaissent; il mesure 8 mètres de circonférence : il a mesuré 60 à 65 mètres de haut; mais aujourd'hui il n'a plus guère que 100 à 120 pieds.

Les hommes l'ont jusqu'alors respecté; les obus prussiens ne l'ont point touché en 1870; mais il a subi les injures du temps.

Sa tête altière se dessèche et se découronne; son tronc se creuse; dans son pied énorme, les enfants se cachent et jouent; il ne vit plus que par son écorce et par son aubier où circule la sève.

Mais, malgré cela, cette vie est puissante, et il porte vaillamment ses trois siècles.

A chaque printemps, le *gros peuplier* se rajeunit; et chacune de ses branches, qui sont de véritables arbres, se couvre de feuilles comme à 20 ans.

XI

HOMMES REMARQUABLES NÉS A VERDUN

Les hommes remarquables, nés dans une ville, en sont l'honneur, comme les beaux fruits sont l'honneur du jardin qui les fournit.

Verdun en a vu naître un grand nombre : nous ne citerons que les plus connus.

HUMBLOT François, né à Verdun en 1568, étudia avec succès, au collège de cette ville, les langues grecque et latine, dans lesquelles il se perfectionna en suivant les cours des universités de Pont-à-Mousson, de Paris et d'Avignon, où il prit le bonnet de docteur.

En 1594, il entra chez les Minimes et fut une gloire de leur Ordre. Ses sermons surtout le mirent en grand renom. Marguerite de Valois voulut l'entendre dans son château d'Usson. Catherine de Médicis « se procura la même satis-« faction dans l'Eglise Notre Dame de Paris. » L'histoire ne dit pas si ces femmes célèbres profitèrent beaucoup de ses sermons. Cet humble et savant Religieux mourut à Tours, en 1612.

L'HOSTE Jean, mathématicien, et auteur d'ouvrages fort estimés de son temps, naquit à Verdun dans la seconde moitié du XVIe Siècle ; vint à Nancy, où il se maria ; et travailla au nivellement de la Neuve-Ville. Licencié ès-lois, il obtint le titre « d'ingénieur ordinaire de S. A. le duc de « Lorraine », et mourut en 1631.

GERBILLON Jean-François, né à Verdun en 1634, fut élève des Jésuites, au collège de cette ville, et se fit lui-même Jésuite, en 1670. Envoyé comme missionnaire en Chine (1685), il sut, par ses manières prévenantes, captiver l'affection de l'empereur Khang-Hi, devint son professeur de mathématiques, et s'acquit, dès lors, une grande réputation de savant, parmi les Mandarins. Plusieurs fois, même, le Fils du Soleil l'envoya en embassade vers le grand-duc des Moscovites.

Il mourut à Pékin, en 1707.

« La république des lettres » lui doit une Grammaire en langue chinoise et tartare. Il est aussi auteur d'une relation de *Huit voyages en Tartarie*, insérée dans l'*Histoire générale des Voyages*.

VIGNERON Jean fit, comme tous les enfants de la Ville, ses humanités au collège de Verdun, où il était né en 1642. Il alla ensuite à Paris et se livra spécialement à l'étude de la littérature italienne. Il devint très fort dans la langue harmonieuse du Dante, italianisa son nom en se faisant appeler *Vénéroni*, et se donna comme Florentin, ce qui lui valut un très grand nombre d'élèves. Louis XIV le choisit pour secrétaire-interprète.

Sa *Grammaire* italienne et son *Dictionnaire* italien furent souvent réimprimés au XVIIIe Siècle.

Il mourut à Paris, en 1708.

Descrochets Nicolas, né à Verdun, en 1646, d'une famille *lignagère*, était fils d'un Maître-Echevin de la Ville. Après avoir fait d'excellentes études au Collège, il prit du service dans l'armée française. Sa bravoure et ses autres qualités le firent rapidement parvenir aux hauts grades. Il fut *lieutenant du Roy*, à Verdun, de 1684 à 1694; et mourut, « dans sa Patrie ». en 1706.

On possède, de lui, à l'Hôtel-de-Ville, un très beau portrait « que la Cité et le peuple firent « placer, comme un gage de leur amour, dans la « grande salle du palais municipal, en 1728. »

Il y eut aussi deux membres de cette famille qui furent Bénédictins à St-Vannes, et qui eurent, de leur temps, une certaine célébrité dans la docte Congrégation :

Dom Charles *Descrochets*, qui fut auteur d'une *philosophie* imprimée à Paris, en 1646, et dédiée au prince de Conti; mort en 1664: et dom Pierre *Descrochets* qui travailla à la *Gallia Christiana*, et mourut à Metz, en 1672.

Clérengue Jean, et Christophe Jean, originaires tous deux de Verdun, furent peintres verriers à Nancy, au XVIe Siècle. Mais leurs noms, seuls, sont conservés aux Archives de cette Ville.

Peut-être que, si les monogrammes, tracés sur les vitraux de la belle Eglise de St-Nicolas-du-Port, n'étaient devenus indéchiffrables, ou si les verrières de l'Eglise des Cordeliers de Nancy n'avaient pas été brisés, peut-être, dis-je, retrouverait-on quelques œuvres de nos artistes Verdunois.

Mais la célébrité de deux autres Christophe, Joseph et Claude, a fait oublier et Jean Clérengue, et Jean Christophe qui fut peut-être leur parent.

CHRISTOPHE Joseph, né à Verdun, en 1664, alla dès l'âge de 17 ans à Paris, où il resta presque toujours. Il fut élève de Bologne l'ainé, et remporta plusieurs prix à l'Académie royale de peinture, dont il fut un des membres les plus distingués.

Il est surtout remarquable par l'heureux choix de ses sites, et par la savante manières dont il disposait ses draperies ; « manière, dit dom Cajot, « qui jette les sens dans l'illusion. » Et il ajoute : « On ne se lasse pas d'admirer le dôme et les « voûtes des Dames de la Congrégation de « Verdun : ouvrage peint à fresque, et qui montre « l'éclat des tableaux peints à l'huile. » hélas ! ces chefs-d'œuvre ont disparu à la Révolution !

Christophe avait aussi peint, à Paris, les tableaux que l'on voyait, autrefois, au chœur de Notre-Dame et à celui de St-Germain-des-Prés.

Ce grand Artiste mourut, à Paris, en 1748.

Un de ses portraits, peint par lui-même, se trouve chez Madame Amand Buvignier.

CHRISTOPHE Claude, frère du précédent, naquit aussi à Verdun, en 1667. Il partagea la passion de son frère pour la peinture, le suivit à Paris, et fut élève de Rigaud.

Le duc Léopold de Lorraine l'attira à Nancy, vers 1724 ; car son « brevet de peintre ordinaire « de S. A. R. » a été enregistré le 27 Janvier de cette année.

Il excellait surtout dans le portrait : un de ses portraits, peint par lui-même est aussi chez M. Buvignier.

Il enrichit plusieurs Eglises pauvres des environs de Nancy, en faisant pour elles, gratuitement, des tableaux de piété qui, s'ils sont conservés, ont aujourd'hui une grande valeur.

Il mourut, à Nancy, le 3 Août 1746. Voici son court acte de décès : « Noble Claude Christophe, « peintre ordinaire de feu duc Léopold, muni des « Sacrements de l'Eglise. Son corps a été inhumé « dans l'église des Dames du St-Sacrement de « cette ville. »

SENOCQ Barthelémy. — La famille Senocq est l'une des plus illustres du vieux Verdun ; peut-être la seule qui soit encore existante dans nos murs (1).

---

(1) La famille *Senocq* était naguère encore représentée par Madame Pein, née Marie-Joseph Senocq, morte il y a quelques semaines.

Elle ne l'est plus aujourd'hui que par Madame Edouard Chadenet, née Senocq, dont le fils, M. Louis Chadenet-Senocq a relevé le nom.

Les Stenary étaient du *lignage* d'Estœuf, ainsi que les de Roten.

Un Claude Senocq, échevin du Palais, reçut des Verdunois reconnaissants le titre glorieux de *Père et de Nourricier du peuple*.

Les Senocq furent anoblis, à la mode française, en 1610.

Dom Barthelémy Senocq fut une des gloires littéraires de la Congrégation de Saint-Vannes, et travailla à la publication des *Acta Sanctorum Ordinis Sancti Benedicti*.

Il mourut à St-Vannes en 1701.

DE ST-HILLIER Jean, natif de Verdun, vers 1590, étudia la médecine au sortir du Collège, et revint ensuite se fixer dans sa ville natale.

Il est auteur d'un *Traité sur la Peste, ses causes, ses signes, ses effets*, etc., imprimé à Pont-à-Mousson, en 1625. La peste n'affligeait pas encore alors Verdun, mais elle était à ses portes. St-Hillier cite les villages d'Herméville, de Bonzée, et de Montzéville comme déjà atteints par le fléau dévastateur. Il fut amené, suivant lui, par l'invasion de l'armée de Mansfeld, en 1624. Cette armée de pillards ramassa tous les bestiaux et tous les chevaux qu'elle put trouver dans nos campagnes. Beaucoup de ces animaux périrent sur les grands chemins, ne furent point enfouis et infectèrent l'air d'émanations putrides. On sait par le livre de St-Hillier, que déjà, en 1588, Verdun avait été désolé par la peste.

« Ce livre, dit Dom Cajot, est écrit avec juge-

« ment. On y cite, sur l'origine de cette maladie,
« les Auteurs, tant sacrés que prophanes, sans
« même excepter les Pères de l'Eglise qui en ont
« traité. »

L'Aubrussel Ignace, né à Verdun, en 1663, fit ses études au Collège des Jésuites de cette Ville, et entra dans l'Ordre en 1679. Il alla en Espagne, fut précepteur du prince des Asturies, et mourut en 1730.

Il est auteur de plusieurs ouvrages religieux.

Guédon Nicolas, né à Verdun en 1688, mérite la reconnaissance des archéologues Verdunois, non seulement parce qu'il a recueilli, avant la restauration de la Cathédrale, en 1752, les nombreuses épitaphes et inscriptions tumulaires qui s'y trouvaient, ainsi que celles du cloître ; mais encore, parce qu'il a collationné tous les titres et archives du Chapitre, dont il était membre ; réuni toutes les conclusions capitulaires, depuis les commencements du XVIe Siècle ; transcrit et annoté un cérémonial ancien ; et enfin consacré sa longue carrière à des travaux qu'il faut consulter lorsqu'on veut écrire l'histoire ecclésiastique de Verdun.

Ce laborieux chanoine mourut en 1769, âgé de 81 ans.

Madin N. naquit à Verdun, vers 1680, d'une de ces nombreuses familles Irlandaises qui avaient suivi les Stuarts, en France, par amour pour leur religion et pour leur roi. Son nom irlandais était *O Maden*.

Ses goûts le portèrent, dès son jeune âge, vers les choses de l'Eglise. Il fut d'abord enfant de chœur à la Cathédrale. Une voix fort agréable et une réelle passion pour la musique religieuse le firent remarquer. D'enfant de chœur il devint maître de chapelle.

Mais Verdun n'était probablement pas pour lui un théâtre assez vaste. Il alla à Meaux, à Tours, et à Versailles, conduisant partout les musiques d'Eglise, avec un talent et un éclat qui ne firent qu'augmenter sa réputation.

Il mourut dans cette dernière ville, vers 1750.

Il était chanoine du chapitre royal de St-Quentin.

Il existe, paraît-il, deux Messes composées par l'abbé Madin. L'une est conservée, dit-on, à la Bibliothèque Nationale ; l'autre se trouve dans les papiers de quelque amateur.

Henry Nicolas, né à Verdun, en 1692. Se livra à l'étude des langues anciennes et principalement de l'hébreu, qu'il professa au collège royal de Paris. Il est auteur d'une *grammaire hébraïque* qui fut longtemps suivie. Il mourut à Paris, le 2 Février 1752, écrasé par la chute d'une pierre d'un bâtiment.

Drappier Roch, né à Verdun en 1685 ; avocat en Parlement ; auteur de plusieurs ouvrages de droit ; mort à Paris, en 1734.

Rouyer François, comme Drappier, né à Verdun, et comme lui, avocat au Parlement, et comme lui, auteur de plusieurs ouvrages de droit; mort en 1767.

Chevert François :

Deux vies de Chevert, l'une par Mademoiselle Magdeleine Buvignier, et l'autre par M. Camille Chadenet, vont paraître incessamment et presque simultanément.

Mais je ne crois point déflorer le sujet, en répétant, sur cet homme illustre, ce que j'en ai dit ailleurs (1).

François Chevert naquit le 14 février 1693, à Verdun, dans la paroisse St-Médard, d'une famille de petite bourgeoisie.

« Sans aïeux, sans fortune, sans appui,
» Orphelin dès l'enfance : »

Ces paroles de son épitaphe ont probablement donné lieu à la légende qui nous montre Chevert, encore enfant, suivant les tambours d'un régiment qui passait à Verdun, comme font les gamins; sortant de la ville sans même s'en douter, et allant toujours... jusqu'au moment où les soldats remarquèrent ce fier petit garçon qui marchait à leur pas, lui proposèrent de venir avec eux, et l'adoptèrent comme l'enfant du régiment.

(1) *Courte Notice sur les Hommes dont les noms sont donnés aux Forts de Verdun.* — Verdun : 1887.

La vérité est, qu'à 11 ans, il s'engagea *régulièrement* dans un régiment d'infanterie, dont il suivit les exercices militaires, et aussi les écoles, jusqu'à l'âge de 15 ans : il était alors quelque chose comme enfant de troupe, ou pupille. Dans l'intervalle, ses parents obtinrent pour lui un brevet de lieutenant, et il entra, en 1710, au régiment de *Beauce*, aujourd'hui 68e de ligne.

Avec Beauce, il fit, dans le nord de la France, toutes les campagnes de la fin du règne de Louis XIV. Inutile de dire qu'il se battit bien.

De 1714 à 1735 s'écoula une période de paix dont la France avait grandement besoin. Chevert l'employa à se perfectionner, par l'étude, dans la science militaire.

Lorsque la guerre pour la succession au trône de Pologne éclata, (1733-1735,) il se signala, en Italie et en Allemagne, autant par son calme et son sang-froid dans les circonstances difficiles, que par sa bouillante ardeur dans la bataille. Ce fut toujours là, du reste, un trait caractéristique de Chevert : une bravoure froide.

En 1739, il était encore major de *Beauce*. En 1740, il passa lieutenant-colonel au même régiment, et fit, en cette qualité, la guerre de la Succession d'Autriche.

Ici, notre héros entre dans la grande histoire.

Une armée française avait envahi la Bohême et menaçait Prague ; mais les Autrichiens accouraient à marches forcées au secours de cette place. On n'avait pas le temps de faire un siège en règle : il fallait tenter de l'enlever par escalade : tel était l'avis du fameux Maurice de Saxe, qui commandait une division de l'armée française. Maurice de Saxe fut chargé d'exécuter ce qu'il avait proposé.

Il choisit, pour second dans son entreprise, « un « homme qui n'avait de commun avec lui que le « courage, le lieutenant-colonel Chevert, officier « né dans les rangs du peuple, et qui était la vertu « même dans un temps corrompu, comme Maurice « était la passion sans frein. »

Tout le monde connaît, et la harangue de Chevert aux sergents de son régiment, et le *brave à trois poils*, et la consigne donnée... Tout se passa comme Chevert l'avait dit, et Prague fut enlevé, le 21 décembre 1741.

En récompense de sa belle conduite, Chevert fut nommé *brigadier*, et *lieutenant du Roi*, (commandant de place), à Prague. Ce ne fut point, pour lui, honneur sans périls.

L'année suivante, les Autrichiens vinrent bloquer Prague et y enfermèrent Belle-Isle avec 20,000 hommes. Belle-Isle, aidé de Chevert, s'y défendit avec une indomptable énergie. Mais ordre de la Cour d'abandonner Prague à tout prix. Belle-Isle en sort, le 10 décembre, y laissant ses blessés et ses malades dont le nombre était considérable, à la garde d'une poignée de soldats.

Mais Chevert les commandait, et valait à lui seul mille hommes.

Les Autrichiens le somment de se rendre : « Allez dire à votre général, répond-il au parlementaire, que s'il ne m'accorde pas les honneurs de la guerre, je fais sauter la ville. » On savait Chevert homme à tenir parole : on lui accorda tout ce qu'il voulut, et, le 2 janvier 1743, il sortit de Prague avec sa garnison d'invalides, drapeaux flottants, mèches allumées et tambours battants ; défila fièrement devant les Autrichiens qui lui présentèrent les armes, et rejoignit le maréchal Belle-Isle à Egra. Il entra en France avec l'armée.

1744 : Chevert est envoyé dans les Alpes, tout près de la Méditerranée. Prise du fort de Château-Dauphin sur les Piémontais : Il s'y distingue et est nommé maréchal de camp. Alternative de succès et de revers. Les Français repassent le Var, (septembre 1746). Le maréchal de Belle-Isle vient commander l'armée, retrouve le héros de Prague, et l'emploie très utilement. Les ennemis sont repoussés, et Chevert s'empare des îles Sainte-Marguerite, (1747) : il est nommé lieutenant-général.

Paix d'Aix-la-Chapelle qui dura 8 ans. Chevert commande le camp de Richemont, dans la Moselle.

Guerre de Sept ans de 1756 à 1763.

Une grande armée française est envoyée, sous les ordres du maréchal d'Estrées, en Hanôvre.

Chevert commande une aile de l'armée. Le vieux maréchal de Belle-Isle veut que, dans cette campagne, son fils, le comte de Gisors, colonel de *Champagne*, (7ᵉ de ligne), apprenne la guerre à l'école de Chevert. Gisors fut tué à Crefeld : il avait 26 ans.

On est à la veille de la bataille d'Hastenbeck. Gisors se réjouit d'être avec Chevert. « Nous « sommes sûrs, écrit-il à son père, moyennant « cela de faire de la bonne besogne à notre « gauche. »

Bataille d'Hastenbeck. Nous ne raconterons pas la bataille, ni ne décrirons les positions formidables des Anglo-Hanovriens que commandait le duc de Cumberland. Chevert a 16 bataillons sous ses ordres. Après 4 heures de marche à travers bois et ravins, après des difficultés inouïes, chaque bataillon traînant sa pièce de campagne (1), il parvient à tourner l'ennemi ; culbute sa droite sur son centre, tandis que d'Armentières le soutient par une attaque de front ; et facilite au maréchal d'Estrées le gain de la victoire, (26 juillet 1757).

Ce fut dans cette bataille, au moment où ses régiments arrivaient au pied des crêtes occupées par les Hanovriens, que Chevert courut, sous une grêle de balles et de boulets, vers le colonel de *Picardie*, le saisit par le bras, et, avec des éclairs

---

(1) Chaque bataillon avait une pièce d'artillerie.

dans les yeux, lui montrant l'ennemi qui semblait le braver : « Colonel, lui cria-t-il, jurez-moi, « foi de gentilhomme, que vous et votre régiment « vous vous ferez tuer jusqu'au dernier homme « plutôt que de reculer! » Et *Picardie* alla le premier planter son drapeau au sommet des crêtes (1) !

Intrigues et divisions dans l'armée : jalousies auxquelles Chevert est en but : « profondément « dégoûté », il quitta son commandement. Les généraux en chef se succèdent : d'Estrées, Richelieu, le comte de Clermont dit l'*abbé*. Le comte de Clermont semble vouloir réparer l'injustice dont Chevert est victime : il demande et obtient pour lui la grand'croix de St-Louis, avec une pension de 12,000 livres. Il écrivit alors une lettre à Mme de Pompadour, que nous regrettons de ne pas citer tout entière : « C'est celui-là, y dit-il. qui a de « la théorie et de la pratique dans le métier « militaire. »

A cette époque, Chevert tomba malade et rentra en France. Après la perte de la bataille de Créfeld, l'armée le réclame : « Qu'on rappelle *M. l'abbé et* « *ses novices*, et qu'on nous rende d'Estrées, Chevert « et St-Germain ! » — « Chevert, lui avait dit le « Roi, je voudrais vous donner des ailes, et vous « porter à mon armée ! »

(1) Aujourd'hui 2e de ligne.

Il y retourna vers le mois de juin 1758. Il avait pour général en chef le marquis de Contades. Contades, après diverses manœuvres sur les bords du Rhin, envoie Chevert renforcer Soubise, le vaincu de Rosbach. Ils attaquent ensemble, à Luttenberg, sur la Werra, le général Oberg qui avait une vingtaine de mille hommes. Chevert tourna encore l'ennemi, le prit en flanc et décida la victoire, (3 octobre). Chevert avait gagné la bataille : on donna le bâton de maréchal à Soubise !

Ce fut son dernier combat et sa dernière victoire.

Dans les premiers jours de 1757, il rentra en France, et fut immédiatement fait gouverneur de Belle-Isle-en-mer, sur les côtes de Bretagne. Peut-être est-ce avec intention qu'on lui donna ce gouvernement.

Le duc de Choiseul, alors premier ministre, avait conçu le projet d'attaquer les Anglais chez eux : gigantesque projet, souvent rêvé en France, quelquefois recevant un commencement d'exécution, et jamais réalisé ! Toujours, le hasard, les éléments, les circonstances, et sa bonne étoile aidée de sa propre énergie, sauvent l'Angleterre !

Chevert était donc là, dans son île, comme une sentinelle avancée, épiant tous les mouvements des Anglais ; étudiant, loin du tumulte des batailles, les moyens de mener à bonne fin une entreprise difficile, à coup sûr, mais pas impossible; combinant enfin toutes choses, avec cette science des choses de la guerre où alors il n'avait pas d'égal, et cet ardent patriotisme dont déjà il avait donné tant de preuves éclatantes.

Il adressa, au ministre, sur ce projet de descente en Angleterre, un *rapport* que l'on conserve à Paris.

On fit d'immenses préparatifs, maritimes surtout. Deux armées devaient envahir l'Angleterre. Chevert devait y avoir un commandement important... Mais, les lenteurs et la timidité de l'amiral de Conflans attirèrent à notre flotte un épouvantable désastre naval... Et Chevert, du haut des falaises de Belle-Isle, put voir nos vaisseaux sombrer, fuir ou être pris, quelques-uns après une résistance héroïque ! (20 novembre 1759).

Le traité de Paris mit fin à cette funeste guerre de Sept ans, (1763).

Chevert, après le désastre de Conflans, fut nommé gouverneur de Givet et de Charlemont : mais il n'habita aucune de ces deux villes. Il fixa sa résidence à Paris, y vécut encore quelques années dans une retraite honorable, et mourut le 24 janvier 1769, âgé de 74 ans.

Son nom semble avoir été très populaire en France ; car on compte, de lui, huit à dix portraits différents.

Un beau portrait de Chevert, en pied, peint

Phototypie J. Royer, Nancy. Déposé. — V. Freschard, Édit., Verdun.

Place Chevert, avec perspective

par Hischebein, en 1762, se trouve, depuis 1770, à l'Hôtel-de-Ville, dont il orne le grand salon.

Sa statue en bronze, œuvre de Lemaire, a été inaugurée, le 1er mai 1837, sur la place Ste-Croix, qui, depuis lors, est aussi appelée place Chevert.

Diart Simon, dit Le Fèbvre.

Après le général, l'aventurier : après Chevert atteignant, lentement, mais sûrement, les plus hauts grades de l'armée Française et honoré de tous, Simon Diart portant son intelligence et son courage d'un pays à l'autre, et finissant dans l'oubli !

Simon Diart naquit aussi à Verdun, en 1706.

Plus heureux et sans doute plus fortuné que Chevert, il fit d'excellentes études au Collège de sa ville natale, et se destina à l'état ecclésiastique. Mais, il était ambitieux.

Bientôt, persuadé d'une part que la vie de province ne peut jamais donner, au véritable talent, son théâtre et sa récompense, et que le mérite, même supérieur, a besoin d'un secours étranger pour être connu et apprécié ; d'un autre côté, sentant dans sa tête et dans son cœur, bouillonner les projets les plus étranges et les passions les plus folles, il vint à Paris. Il vint à Paris, afin de donner à ses talents, à ses projets, à ses passions, un champ plus vaste et plus libre.

Mais, certains désagréments domestiques, qu'il éprouva dans l'éducation de quelques élèves, lui firent prendre sa position en dégoût. De percepteur, il se fit soldat.

« Un vuide accablant que les exercices de sa « nouvelle position ne pouvaient combler, » autant que l'amour du travail intellectuel et un penchant inné, le tournèrent vers l'étude du dessin. Les longues heures oisives du corps de garde, ainsi que celles où le service le laissait inactif, furent par lui employées à tracer des retranchements pour les troupes en campagne, des fortifications passagères, des plans pour l'attaque des places ou pour leur défense. Son capitaine le surprenait souvent le compas et le crayon à la main.

Il apprit à être ingénieur, sans que personne lui eut enseigné la science du génie.

Ce singulier soldat attira l'attention de ses chefs.

Lowendal, un aventurier aussi, mais de plus haute volée, car il était bâtard de Danemarck, qui commandait un régiment Français, l'attacha à sa personne et lui conféra une lieutenance.

La France se battait alors pour empêcher Marie-Thérèse et son époux, François de Lorraine, d'être *Empereur* d'Allemagne, (1739-1748).

Le bâtard de Danemark, homme de guerre supérieur, avait fait son chemin, protégé peut-être par un autre bâtard de Roi, Maurice de Saxe. Nommé général, il choisit Simon Diard pour être son aide de camp.

La prise de Berg-op-Zoom, à l'embouchure de l'Escaut, emporté d'assaut par Lowendal, fut en partie due aux travaux d'approche exécutés par Diard, qui se montra, en cette circonstance, un très habile ingénieur, (26 septembre 1747).

Mais le caractère bizarre, inégal et cassant de Diard, lui firent des envieux et des ennemis : il comptait presqu'autant de rivaux malveillants que de compagnons. Tandis que Chevert, correct, bon pour tous, homme du devoir, ne devant ses grades qu'à son mérite, n'avait que des admirateurs ou des amis.

Lowendal mourut en 1755. Diard fut obligé de quitter l'armée française, et d'aller chercher fortune ailleurs.

Il prit du service en Prusse, et renonça à son pays, comme il avait renoncé à la carrière ecclésiastique.

Frédéric-le-Grand, qui se connaissait en hommes, le prend en amitié, lui donne un des premiers postes dans le Corps royal des Ingénieurs, lui accorde un brevet de capitaine dans ses gardes et en fait presqu'un favori.

Diard méritait une telle confiance par ses talents et son dévouement à son nouveau maître.

La guerre de Sept ans avait éclaté (1757). Diard combattit contre la France ! Il félicita peut-être le roi de Prusse de la victoire de Rosbach : Voltaire en fit autant !

Mais, transfuge de sa patrie, il ne pouvait être heureux !

« Des âmes lâches », dit Dom Cajot, qui l'avait connu et qui semble avoir eu un faible pour lui, « des âmes lâches l'avaient éloigné du service de « France ; il trouve à Berlin des calomniateurs « qui s'efforcent de rendre sa fidélité suspecte. « L'infortuné Diard meurt consummé de tristesse, « le 14 de septembre 1771.

« Il avait épousé, en Prusse, la fille de Gédéon-« des-Champs, pasteur de l'Eglise de Berlin, qu'il « laissa sans enfans. »

Beauzée Nicolas naquit à Verdun le 9 mai 1717. Il était « fils à Nicolas Beauzée, manouvrier, et « Marie Remy, son épouse. »

Elevé, comme presque tous les enfants du peuple, au collège, il se fit maître-d'école, par amour de la Grammaire, à l'étude de laquelle il consacrait toutes ses heures de liberté.

On conserve de lui, à l'Hôtel-de-Ville, une lettre datée du 10 novembre 1747, par laquelle il prie Messieurs du Conseil de Ville de l'exempter du logement des gens de guerre : il habitait alors Rue.

Cette année 1747, il dédiait au duc d'Orléans et faisait imprimer, à Paris, une *Exposition abrégée des preuves historiques de la Religion chrétienne*, ouvrage destiné à l'éducation de la jeunesse. Cette publication eut du succès et attira l'attention du public.

Son mérite et son talent lui valurent de puissantes protections. Ses protecteurs l'attirèrent à Paris. Du reste, Beauzée, quoique modeste, se trouvait bien à l'étroit dans sa petite salle d'école de Rue.

A Paris, il fut, vers 1755, nommé professeur à l'Ecole Royale Militaire, où il enseigna pendant trente ans la grammaire et la littérature, et resta toujours l'ami et souvent le conseil des jeunes officiers qui avaient reçu ses leçons.

Le 6 Juillet 1772, il fut élu membre de l'Académie française. C'était le plus grand honneur qu'on pût faire à un homme de lettres.

Dans notre siècle égalitaire, peu de maîtres d'école arrivent académicien !

Beauzée fut surtout Grammairien. On a de lui un ouvrage intitulé *Grammaire générale ou Exposition raisonnée des éléments nécessaires pour servir à l'étude de toutes les langues*, qui fut imprimé à Paris, en 1767, et réimprimé en 1819 : ouvrage écrit avec élégance, clarté et méthode.

Il est aussi auteur d'une traduction de Salluste, très estimée.

Il écrivit, dans l'Encyclopédie, les articles relatifs à la *Grammaire*, articles qui, réunis à ceux de Marmontel, ont formé un *Dictionnaire de Grammaire et de Littérature* qui fut imprimé à Liège, en 1789.

Beauzée mourut à Paris le 23 janvier 1789.

Son portrait, datant de l'époque et donné à la ville de Verdun, par un de ses parents, se trouve dans le salon de l'Hôtel-de-Ville.

Desandroüins Jean-Nicolas naquit à Verdun, le 7 Janvier 1729. Il était fils de Benoist-Nicolas Desandroüins, seigneur de Dombasle, conseiller au Parlement de Metz, et de Marie-Scholastique Hallot. Il appartenait à une vieille famille, Verdunoise, du *lignage* d'Azannes.

Il eut une lieutenance au régiment de Beauce-Infanterie, où Chevert avait été major, et fit les campagnes de 1747-1748, à l'armée des Alpes.

En 1749, il entra dans le génie ; fit deux ans de *gâche* à l'école de Mézières, en sortit *Ingénieur ordinaire du Roy*, le 10 mars 1753 ; fut nommé capitaine, en 1756 ; partit avec Montcalm pour le Canada ; eut part, comme ingénieur, à la prise du fort de Chouaguen en Oswego, sur les Anglais, et à celle du fort William-Henry ; concourut à la victoire de Carillon ; mit cette forteresse en défense, la fit sauter, et se retira, avec la petite armée de Montcalm à l'Isle-aux-Noix, 1759.

Il avait été promu, cette année, chevalier de St-Louis.

Mais il ne fut pas longtemps à l'Isle-aux-Noix ; il courut, à 100 lieues de là, mettre en défense les *Rapides* du Haut-St-Laurent.

Pendant ce temps-là, a lieu la première bataille des Plaines d'Abraham, la mort glorieuse de Montcalm, et la prise de Québec par les Anglais (1759).

Lévis remplace Montcalm, et prend Desandroüins pour aide-de-camp. Seconde bataille des Plaines d'Abraham ; défaite des Anglais, et siège de Québec par les Français (1760).

Desandroüins dirige les travaux du siège, comme officier du génie. Renforts survenus aux Anglais. La poignée de Français, qui composait l'armée de Lévis, lève le siège. Héroïque retraite sur Montréal, et perte du Canada, (1760).

Retour de Desandroüins en France.

Il va à Malte, revient l'année suivante ; est nommé colonel et chef du génie à l'armée de Rochambeau, avec laquelle il passe en Amérique. Guerre de l'*Indépendance*. Desandroüins concourt à la prise d'York-Town, qui met fin à cette guerre, (1781).

L'armée française quitte l'Amérique. Naufrage de la *Bourgogne*. Desandroüins sauve l'équipage du vaisseau. Retour en France, 1783.

Desandroüins est nommé Maréchal de camp et Directeur à Brest, 1788-1790. Sa mise à la retraite, 1791, et sa mort, 11 Décembre 1792. Cinq jours après sa mort, il est nommé, par le Ministre de la Guerre, *Membre du Comité supérieur des fortifications de France* !

Desandroüins a laissé, sur ses campagnes, au Canada et en Amérique, des Notes très instructives et très intéressantes, que nous avons, en partie, publiées l'an dernier (1).

Hallot Jean-Charles naquit à Verdun, en Juillet 1729. Il était fils de Charles Hallot et de Nicole Desandroüins tante du général Desandroüins, et par conséquent cousin du général lui-même.

Lieutenant au régiment la Fère-infanterie, en 1746, il fit, avec ce régiment, les campagnes de Flandres (2).

Capitaine, en 1748; major dans Provence-infanterie, en 1770 (3); il fut fait chevalier de St-Louis, en 1771. Lieutenant-colonel en 1780; brigadier d'infanterie en 1784, il obtint le grade de Maréchal de camp, en 1788, et celui de Lieutenant-général, en 1792.

Arrêté à St-Mihiel en septembre de la même année, et aquitté deux mois après, il eut un commandement, en 1793, à l'armée du Rhin, fut mis à la retraite en 1794, et mourut en 1799.

De Saint-Hillier Pierre, arrière petit-fils ou parent de Jean de Saint-Hillier dont nous avons

(1) *Le Maréchal de Camp*, Desandroüins. *Guerre de Canada.* — *Guerre de l'indépendance Américaine*, par l'abbé GABRIEL. — Verdun : 1887.

(2) Fut levé, en 1674, par le comte de Grignan, commandant en Provence, au nom de cette province, pour aller à Messine. Il était de 21 compagnies.

(3) *La Fère* créé sous Louis XIV en 1651, appartint d'abord au cardinal Mazarin.

parlé, naquit à Verdun, le 25 Avril 1730, embrassa la carrière militaire comme Hallot, comme Desandroüins, ses compatriotes et ses contemporains.

Lieutenant, en 1746, au régiment de Penthièvre-infanterie (1); capitaine en 1750, St-Hillier passa, en 1768, dans les gardes du corps, et devint brigadier, en 1776.

Avait fait les campagnes d'Italie de 1747, 1748 et 1749, et avait été nommé chevalier de St-Louis, en 1771.

Il émigra à la Révolution, revint en France en 1801, et mourut en 1805.

Son fils, Pierre-François-Joseph de St-Hillier, né à Verdun en 1772, colonel dans la garde sous Louis XVIII, fut maire de la Flèche, et mourut dans cette ville en 1848. Il laisse un fils qui a été colonel du 2e de ligne, en 1863.

Ces St-Hillier, de Verdun, étaient, de père en fils, une famille de soldats.

De Solémy Jean-Baptiste-Simon, naquit, à Verdun, en 1746, entra à 11 ans dans le régiment de Conty (2) où son père était capitaine, avec dispense d'âge en raison des services rendus par ses ancêtres.

---

(1) *Penthièvre*, créé, en 1684, par le comte de Toulouse, amiral de France.

(2) *Conty*, créé en 1692, au nom de Barrois, prit ensuite le nom de Conty.

Fit la guerre de Sept-Ans, fut nommé capitaine en 1761, et promu chevalier de St-Louis en 1781; passa comme major au régiment de l'Isle de France (1) en 1783; et comme colonel dans celui de Brie (2) en 1785.

Emigré à la Révolution, il porta les armes contre la France; fut à l'armée de Brunswick et de Condé.

Le 19 Juillet 1793, il était à l'affaire de Berckeim, où 80 royalistes firent prisonniers 300 soldats républicains. Les républicains s'attendaient à de cruelles représailles : Solémy les sauva, se montrant aussi humain qu'il avait été brave. Il fut fait Maréchal de camp en 1797.

L'armée de Condé ayant été licenciée en 1801, Solémy ne se rallia pas à l'Empire, et vécut tristement jusqu'en 1814.

En 1814, il fut nommé commandeur de St-Louis, et mis à la retraite en 1816.

Il mourut en 1820.

DE GRIMOARD Henry-Barthelémy, né à Verdun, en 1724, d'une illustre famille originaire de Gevaudan qui avait donné à l'Eglise le pape Urbain V (3). Colonel d'artillerie, il fut guillotiné à Paris le 25 avril 1794.

(1) *Isle de France,* créé, en 1684, au nom de cette province.
(2) *Brie,* créé en 1684, au nom de cette province.
(3) *Urbain* V quitta Avignon pour retourner à Rome, en 1367. Pourtant il ne put mettre fin au Grand-Schisme d'Occident.

De Grimoard Philippe-Henry, fils du précédent, né à Verdun, le 12 août 1753, entra à l'Ecole militaire, en sortit comme sous-lieutenant en 1770; fut chargé de l'instruction militaire des enfants du comte d'Artois, en 1780. Colonel en 1784 ; envoyé à cette époque, avec mission diplomatique en Hollande ; et enfin aide-de-camp du marquis de Bouillé en 1790, il ne partagea pas la disgrâce de son général, fut nommé maréchal-de-camp en 1792 et attaché au ministère de la guerre.

Général de division le 15 mai 1793, il avait su jusqu'alors, par son adresse, éviter les soupçons du Comité du Salut public, dont il était loin d'approuver tous les actes. Mais, en septembre, même année, il dut se cacher ; et, dans sa retraite, il apprit que la tête de son père venait de tomber sur l'échafaud !

De ce moment, il renonça, quoique jeune, au métier des armes, où pourtant il avait si bien réussi, pour se livrer tout entier à ses goûts littéraires.

Du reste, depuis l'âge de 22 ans, il n'avait jamais cessé d'écrire. Son premier ouvrage : *Essai historique des batailles*, fut publié en 1775. Il est auteur de nombreux ouvrages historiques et militaires ; de Traités et de Mémoires sur des sujets de circonstances. Il publia aussi les Mémoires, la Correspondance ou les œuvres de quelques personnages célèbres de l'époque.

Il eut souvent des démêlés avec la Censure.

Peu de monde à présent lit ses ouvrages.

Grimoard mourut en 1815.

Pons Philippe-Laurent, né à Verdun, en 1749, fit ses études au Collège de sa ville natale, étudia le droit à Paris ; cultiva les Muses en même temps que Themis ; se lança dans la politique ; et fut député de la Meuse à la Convention. Je ne sais s'il vota la mort de Louis XVI, mais la tradition lui a imputé ce vote.

En 1801, lorsque la Cour de Cassation fut organisée, il fut nommé avocat général, et y resta jusqu'à la chute de l'Empire. Exilé à la Restauration, il se réfugia en Belgique, put rentrer, en 1819, et mourut en 1844, âgé de 95 ans.

Un magnifique portrait de Pons, qu'on croyait peint par David d'Angers, se trouvait encore, il y a 12 à 14 ans, chez un débitant de vin, à St-Victor.

Bellavène Jacques-Nicolas, né à Verdun le 10 octobre 1770 ; son père, je crois, était capitaine dans un régiment en garnison dans notre ville.

Il s'engagea, en 1791, au 2me régiment de cavalerie légère et fut nommé sous-lieutenant en 1792 : chef d'escadrons en 1794 : colonel en 1795 : général de brigade en 1796. Il mit 7 ans à conquérir tous ces grades, et il les conquit sur tous les champs de bataille de la République ! Y a-t-il un exemple d'avancement aussi rapide ?

De 1796 à 1801, il est attaché à l'armée de Moreau, et se bat à Hohenlinden. La victoire de Hohenlinden, et surtout les victoires du Premier Consul en Italie, amènent l'Autriche à faire des propositions de paix : elle est signée à Lunéville, le 9 février 1801.

Bellavène, comme le plus jeune et le plus brillant des généraux, est chargé de porter, à Paris, le traité de Lunéville. Il partit de cette ville, le 9 février, par courrier extraordinaire. L'enthousiasme fut immense dans la capitale et dans toute la France.

Bellavène avait reçu, au combat de Rastadt, le 5 juillet 1796, le biscaïen qui lui fracassa la jambe. En 1803, il fut placé par Napoléon à la tête de l'Ecole militaire de Fontainebleau qui fut plus tard transportée à St-Cyr. Il y resta jusqu'à la première Restauration, en 1814.

Il fut aussi, tout le temps de l'Empire, inspecteur du Prytanée militaire de La Flèche.

Il commanda l'Ecole St-Cyr avec intelligence et fermeté, et forma la génération des jeunes officiers de l'Empire.

Le nom de Bellavène est resté légendaire à l'Ecole, pendant la première moitié de ce siècle.

En 1804, il avait reçu, des mains de Napoléon, dans l'Eglise des Invalides, la croix de Commandeur de la Légion d'honneur. En 1807, le 4 octobre, il avait été nommé général de division. Il était aussi baron d'Empire.

Mis en non-activité par la Restauration, il se retira à Milly (Seine-et-Oise), où il mourut, le 16 février 1826.

Son fils, le baron Bellavène, est mort à Verdun en 1882.

Rouyer Jean-Victor, baron de St-Victor, naquit à Verdun, le 28 mai 1756, et mourut, à Clermont-Ferrand, en 1818.

Il fut d'abord élu capitaine de la garde-nationale d'Aunay, dans la Côte-d'Or, où résidait sa famille; puis, en 1793, il commanda le bataillon de volontaires de Loir-et-Cher. Nommé colonel au 70e régiment de ligne, en novembre 1795, il fit avec son régiment les campagnes d'Italie, des côtes de l'Océan et de Prusse. En 1808, il gagna enfin les étoiles de général de brigade et fit encore la campagne de Pologne.

Il fut créé baron d'Empire en 1823, et prit le nom de baron de St-Victor.

Il avait reçu des mains de Napoléon lui-même, dans l'église des Invalides, la croix d'officier de la Légion d'honneur, le 14 juillet 1804. Dès 1814, même avant les Cent-Jours, il était nommé par Louis XVIII, chevalier de St-Louis! Il n'avait pas tardé à faire sa cour!

Il y avait à la même époque, dans les armées impériales, un autre Rouyer, qui fut général de division.

Lemaire Christophe, général, né à Verdun le 29 décembre 1795, mort au même lieu le 6 mai 1864, était fils d'un aubergiste.

Entré à l'école militaire le 24 janvier 1813, il en sortit sous-lieutenant de la garde en octobre l'année suivante. Licencié en 1815, Lemaire reprit du service en 1818 dans la légion de la Seine-Inférieure, passa dans la garde royale en 1819, devint lieutenant en 1821 et capitaine dans la garde nationale de Paris en 1830.

Le 27 août 1837, Lemaire fut nommé chef d'escadrons de la gendarmerie du Lot ; lieutenant-colonel en 1844, il passa en Afrique en 1847, fut fait colonel en 1848 et général de brigade en 1851.

Il commanda successivement les Basses-Alpes, la Charente, l'Aude et l'Ariège, et en 1855 il fut nommé inspecteur général.

Le général Lemaire entra dans la réserve en décembre 1859.

Chevalier de la Légion d'honneur le 5 mai 1833, officier en 1843, il devint grand-officier en 1857.

Il a fait les campagnes d'Espagne en 1823 et d'Afrique, de 1847 à 1849.

Son portrait a été donné au musée de Bar-le-Duc en 1865 par sa famille.

Thouvenel Edmond-Antoine naquit à Verdun, le 11 novembre 1838. Après de brillantes études au collège de sa ville natale, il fit un voyage en Orient, dont il publia une relation qui fut lue.

Il entra ensuite dans la diplomatie et fut attaché d'ambassade à Bruxelles, puis à Athènes.

Ambassadeur à Constantinople en 1855 ; Sénateur en 1859 ; Ministre des affaires étrangères en janvier 1860, jusqu'en 1862, Thouvenel a été l'un des hommes les plus distingués et les plus honorables du second Empire.
Il mourut vers 1866.

Buvignier Amand, né à Verdun le 5 octobre 1808, fit ses humanités au Collège, comme tous les Verdunois; entra à l'Ecole polytechnique ; quitta les sciences mathématiques pour les sciences naturelles, et se livra à l'étude de la géologie, étude qu'il poursuivit dans son voyage en Espagne.

Il est auteur d'une *Statistique géologique, minéralogique, métallurgique et paléontologique du département de la Meuse*, imprimée, en 1852, à Paris. Cet ouvrage est accompagné d'un magnifique Atlas de 32 planches, donnant tous les fossiles de notre Département. Cette étude, malgré de récentes découvertes, est encore peut-être la plus complète que nous ayons.

M. Amand Buvignier était en outre un numismate de premier ordre et un archéologue distingué. Il fut aussi membre de la Société géologique de France et de plusieurs autres Sociétés savantes.

Il mourut le 22 Avril 1880, après avoir rempli pendant 25 ans diverses fonctions municipales dans notre ville.

L'abbé Clouet Louis naquit à Verdun, le 24 août 1807. Il se destina de bonne heure à l'état ecclésiastique, et alla au séminaire St-Sulpice, à Paris, après avoir fait, au Collège de sa ville natale, de brillantes études.

Prêtre vers 1832, il revint à Verdun, fut professeur d'Ecriture Sainte au grand Séminaire ; professeur de philosophie au Collège, jusqu'à l'âge de 60 ans, époque de sa retraite; et conservateur de la Bibliothèque de la ville, jusqu'à sa mort, qui arriva au mois d'août 1871.

Nous, ses contemporains ou ses élèves, nous avons connu l'abbé Clouët. Nous avons connu sa spirituelle bonhommie, teintée d'une pointe de malice ; son esprit cultivé, charmant et fin ; nous avons entendu sa conversation, toujours intéressante, parfois brillante qu'il entremêlait, au besoin et à propos, d'un vers d'Horace, de Boileau, de La Fontaine, ou d'une pensée de La Bruyère ou de La Rochefoucault.

Sa mémoire était prodigieuse, n'oubliant jamais rien de ce qu'il lui confiait : « Il n'avait, disait-il « lui-même, en faisant un geste significatif, il n'a- « vait qu'à tirer le tiroir où cela était renfermé. »

Son érudition était vaste et profonde. Il *connaissait* les 28,000 volumes de la Bibliothèque ; et les hommes les plus instruits et les plus spéciaux étaient tout étonnés de l'entendre causer, et bien causer, sur des matières qui semblaient devoir lui être les plus étrangères.

C'était, si je puis m'exprimer ainsi, un *Sage* de la Grèce, doublé d'un prêtre catholique.

Il avait déjà publié, en 1851, une *Histoire Ecclésiastique de la Province de Trèves*, dans laquelle était compris jusqu'à la Révolution, le Diocèse de Verdun. Il ne la poussa que jusqu'au règne de Charlemagne inclusivement. Cette histoire, qui forme 2 volumes in-8° très peu compacts, donne de précieux renseignements sur la discipline ecclésiastique dans les premiers siècles de l'Eglise.

Pourquoi ne l'a-t-il point continuée ?. Etait-ce parceque le sujet était trop vaste, et les matériaux qu'il possédait trop nombreux. Toujours est-il que l'abbé Clouët a restreint son cadre dans son Histoire de Verdun.

L'ouvrage, en effet, qui fait sa gloire et celle de notre ville, est l'*Histoire de Verdun et du pays Verdunois*. Elle comprend 3 forts volumes in 8°, et fut publiée en 1870. La mort n'a pas laissé à l'abbé Clouët le temps de l'achever : elle finit en 1440. Cette Histoire est comme une mine où devront puiser tous les piocheurs qui se mèleront d'écrire quelque chose sur Verdun et sur les contrées voisines. Là dessus, pas un document que l'abbé Clouët n'ait consulté, pas une Charte qu'il n'ait lue.

On relit son Histoire dix fois, et chaque fois

on y trouve quelque chose de nouveau, que tout d'abord on n'avait pas remarqué.

L'abbé Clouët avait été fait chevalier de la Légion d'honneur, vers 1863. Il était officier de l'Université et membre de plusieurs Académies.

« Je pose la plume, » dirai-je avec le Verdunois *Dom Cajot*, dont je modifie un peu la pensée et les paroles, « je pose la plume, satisfait d'avoir
« offert, dans un point de vue commode, les prin-
« cipaux traits de l'Histoire de Verdun.

« A l'exactitude, j'ai tâché de réunir la précision
« et la netteté. J'ai dit des choses instructives, et
« je les ai rangées avec méthode . . . . : Voilà, ce
« me semble, tout ce que le public est en droit
« d'attendre de moi.

« Si j'ai réussi, mes vœux sont accomplis.

FIN

TABLE DES MATIÈRES

I.	Origine de Verdun.	1
II.	Quels furent les Maîtres de Verdun.	5
III.	Sièges que Verdun a soutenus.	44
	Forts de Verdun.	82
IV.	Abbayes et maisons religieuses	87
V.	Les Hôpitaux.	125
VI.	Anciennes Églises Paroissiales.	136
VII.	Monuments et curiosités de Verdun.	157
VIII.	Promenades publiques.	190
IX.	Négoce et métiers du vieux Verdun. Commerce et industries actuels.	195
X.	Quelques faits relatifs à l'histoire particulière de Verdun depuis 1648.	217
XI.	Hommes remarquables nés à Verdun.	251

Verdun Imp. et Lib. V. Freschard

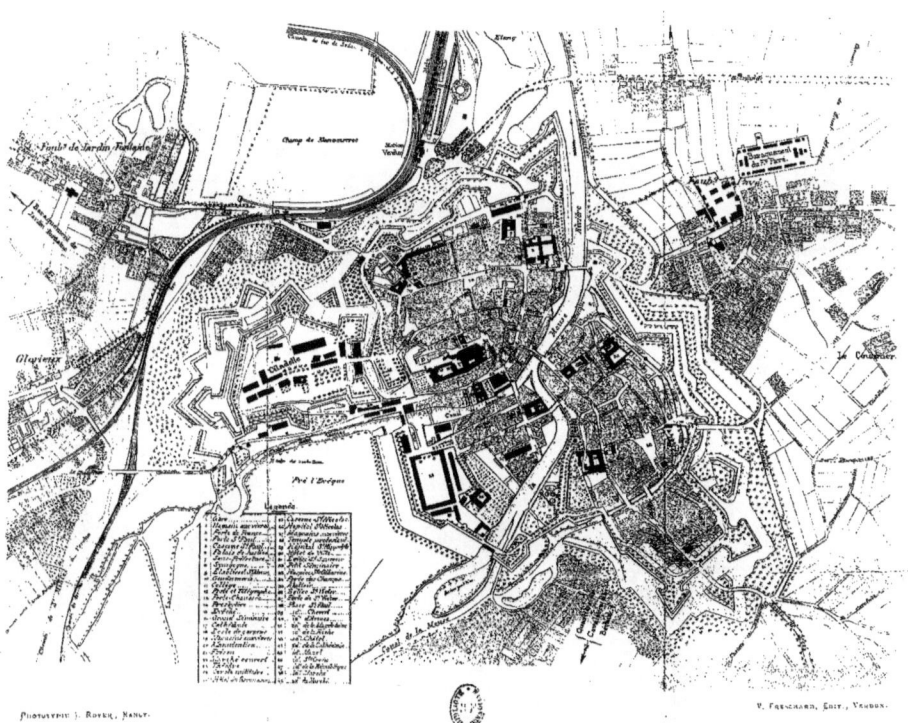

PLAN DE VERDUN (DRESSÉ EN 1889)

OUVRAGES DU MÊME AUTEUR

Nicolas Psaulme Evêque et Comte de Verdun.

Manuel de Piété à l'usage des Lycées et Collèges.

Blocus et Bombardement de Verdun, pendant la guerre de 1870.

Louis XVI, le marquis de Bouillé et Varennes: Episode de la Révolution française.

Histoire du XIIme Dragons.

Le maréchal de camp Desandroüins: Guerre du Canada et de l'Indépendance Américaine.

Courte Notice sur les Hommes dont les noms sont donnés aux Forts de Verdun.

En Vente
à la librairie V. FRESCHARD
NOUVEAU PLAN
de la
VILLE DE VERDUN
tiré en 2 Couleurs à l'échelle de $\frac{1}{5,000}$

Une feuille format raisin,

Prix 1^f25

VERDUN, Imprimerie V. FRESCHARD

www.ingramcontent.com/pod-product-compliance
Lightning Source LLC
Chambersburg PA
CBHW071413150426
43191CB00008B/900